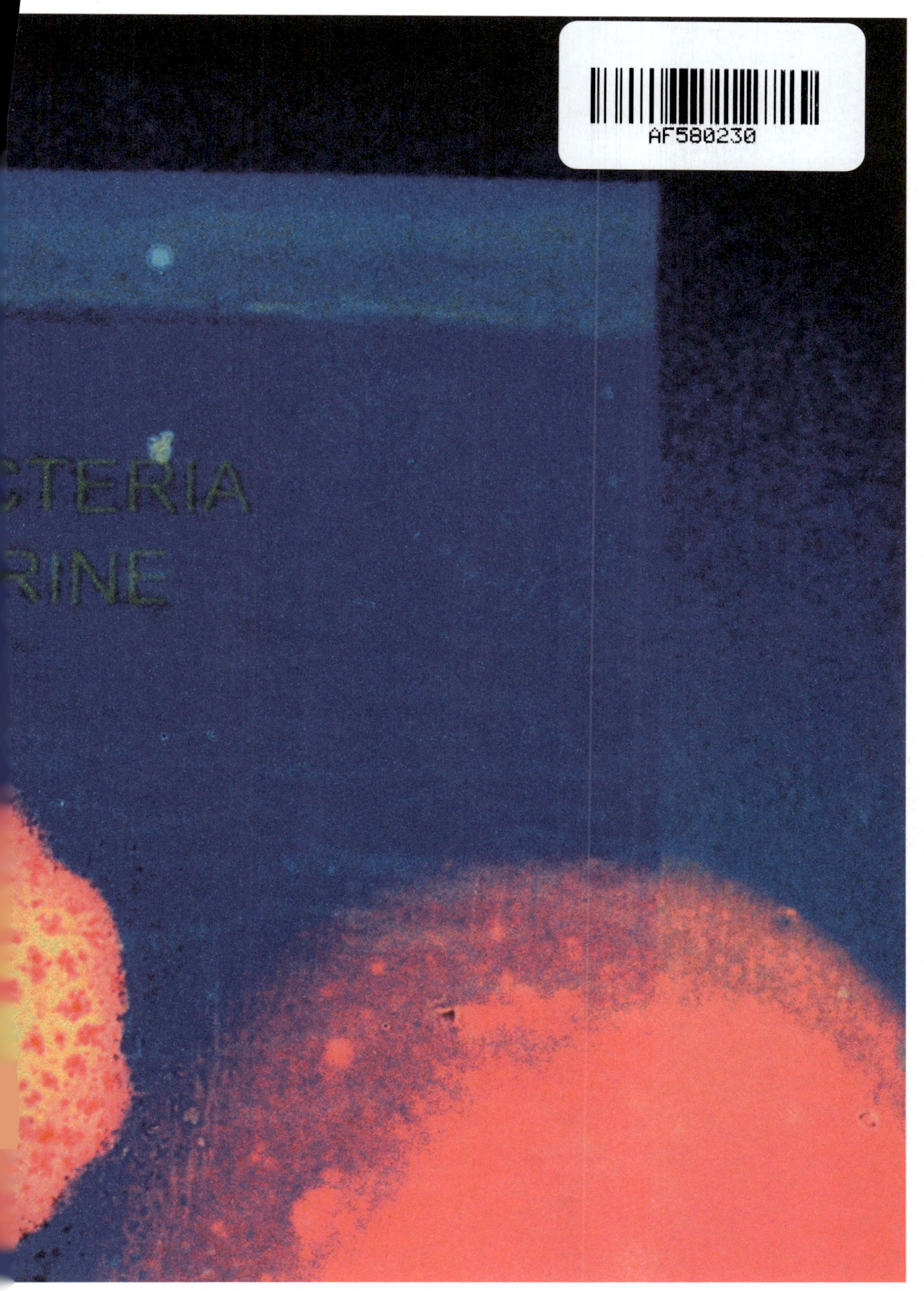
CTERIA
RINE

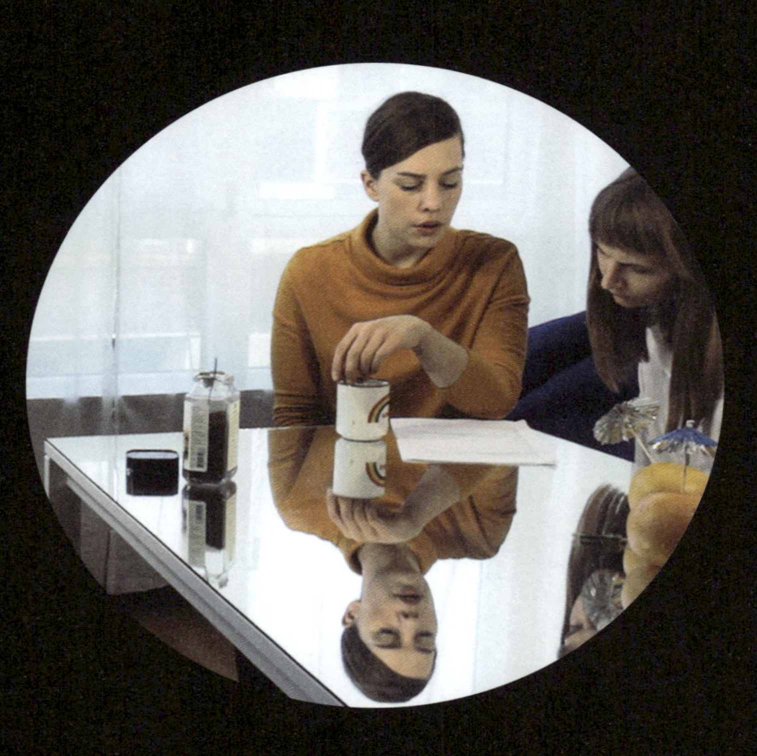

Wörter als Türen in Sprache, Kunst, Film / Words as Doors in Language, Art, Film

Künstlerhaus
Halle für Kunst & Medien

VERLAG FÜR MODERNE KUNST

Say Hello to the Filmed Word, Wave Goodbye to Language

„Was das Wort ausspricht, ist auch das Unsichtbare, das das Sehen nur als seherisches sieht, und was das Sehen sieht, ist das Unsagbare, das das Wort ausspricht.“ [1] *Gilles Deleuze*

Die internationale Gruppenausstellung *Wörter als Türen – in Sprache, Kunst, Film* im Künstlerhaus, Halle für Kunst & Medien widmete sich dem gegenseitig durchdringenden Verhältnis von Schrift zu Kunst und Film. In den Vorbereitungen zur Ausstellung bemerkte ich nicht nur, dass viele Größen des Autorenkinos den Akt des Verfassens des Drehbuchs dem Filmprozess selbst als ebenbürtig bezeichneten – „Jeder Drehbuchautor, der den Namen verdient, hat bereits Regie geführt, wenn er das Drehbuch geschrieben hat." (Joseph L. Mankiewicz) oder „Wenn es geschrieben oder gedacht werden kann, kann es auch gefilmt werden." (Stanley Kubrick) –, ich hielt auch verstärkt Ausschau nach formalen Spielen mit Text und Buchstaben in Filmen wie in dem prägenden Vorspann zu Jean-Luc Godards *Pierrot le fou* (Elf Uhr Nachts, 1965), in dem mehrere As und in Folge Bs und Cs, Ds usw. zerstreut aufschienen, bis sich letztlich der Vorspanntext ergab. Oder, um sich abermals eines Beispiels von Godard zu bedienen, die in *La Chinoise* (Die Chinesin, 1967) vorkommende Wohngemeinschaft, in der mit großer Häufigkeit Wände, Tafeln als Analogie zu der dem Film Raum gebenden Leinwand beschriftet wurden, die damit ihrerseits zum Ort des Diskurses werden sollte. Sogar die Bibliotheksszene des Films *The Lickerish Quartet* (Das lüsterne Quartett, 1970) von Radley Metzger war mir in diesem Zusammenhang noch lebendig in Erinnerung, in welcher ein Liebespaar gerade jene Liebkosungen, über deren Wörterbuchbeschreibungen die Darsteller Silvana Venturelli und Frank Wolff im Liebespiel gerade gemeinsam rollten, vollführte. Dieser eher dem Bereich des Trash und B-Movies zuzuordnende Film glänzte ohnehin mit erstaunlichen Brüchen innerhalb der Erzählmodi und mit gewagten Film-im-Film-Narrativen. Diese Szene im Speziellen jedoch zeigte gerade die Unterschiede in der Wahrnehmung produktiv auf, dieses In-Deckungsgleichheit-der-Wörterbuchdefinition-mit-anschließender-Darstellung-Bringen-Wollen, sodass man sich durch den Leseimpuls um ein wesentliches Spannungselement der Filmbetrachtung, nämlich jenes des Nicht-Wissens der jeweils nächsten Szene bringt. Auch die Unterschiede in der Geschwindigkeit der Rezeption, des Prozesses des Schauens und des Lesens, die daraus resultierenden, narrative Einlösung suggerierenden Automatismen fand ich interessant, und auch die Idee, um genau solche die Wahrnehmung reflektierenden Momente eine Ausstellung zu konzipieren: gerade im Wissen um die hochgradigen Unterschiede der Annäherungen der Räume von Kunst und Film, welche die

Filmkritikerin Iris Barry einst zur Einschätzung des Stellenwerts des Films zu den übrigen Künsten mit „der leicht zwiespältigen Position eines Adoptivkindes, welches nie in Gesellschaft der Familie zu sehen ist," hinreißen ließ.

Diese reziproken Abstoßungs- und doch wieder einander suchenden Bewegungen, diese vielfältigen wie wechselwirkenden Austauschprozesse lieferten häufig reiches und produktives Potenzial – etwa Ben Vautiers „Mes dix films", Félix Guattaris „Project for a Film by Kafka" oder Marguerite Duras' *Le Camion* (Der Lastwagen, 1977) – und bergen ebenso oft große Brisanz in deren Diskursen, werden von vielen Film- und KunsttheoretikerInnen aber nach wie vor fast durchgehend getrennt, denn unter gemeinsamen Aspekten betrachtet: Sowohl im Positiven, was das neu erwachende und kontinuierliche Interesse an alten Filmprojektions- und Entwicklungstechniken angeht, als auch im Negativen, wofür stellvertretend die zunehmende ästhetisierende Homogenisierung durch das HD-Format steht. Auch unter inflationär beschleunigten, erweiterten Bedingungen der aktuellen Verbreitung und digitalen Vermischung, Produktion und Konsumation von Filmen auf mitunter unüberschaubar zahlreichen, abspieltauglichen Gadgets und Webseiten (welche selbstredend erneut mannigfaltige Potenziale des künstlerischen Umgangs bergen: Siehe beispielsweise http://kerencytter.com), droht eine wirkungsmächtige Pattsituation „White Cube vs. Black Box", der *Wörter als Türen – in Sprache, Kunst, Film* in Vorsicht und durch einen größeren Schritt in konzeptuelle Abstraktion über filmische Wechselbeziehungen zur Schrift zu entweichen versuchte. Mehrere der in der Ausstellung gezeigten Arbeiten setzten generell auf das Fiktionalisierungspotenzial der geschriebenen Sprache oder das Zitatreservoir gängiger Filmrhetoriken und konnten nicht nur betrachtet, sondern vor allem auch gelesen werden. So bestand der Ausstellungsbeitrag aus dem Jahre 2007 des KünstlerInnenkollektivs Bernadette Corporation aus sogenannten Abb. S. 90–91 Index-Karten – früher von Drehbuch-AutorInnen in der Entwicklung des Skripts verwendet –, die unmittelbar mögliche Narrative im Betrachtenden aufrufen und auch bereits in Buchform *Eine Pinot Grigio, Bitte* (Sternberg Press, Berlin 2007) erschienen waren.

Die Ausstellungsräume des Künstlerhaus, Halle für Kunst & Medien waren im Ausstellungskontext selbst als offene, transparente und vor allem leere (Doppel-) Projektionsflächen zu verstehen, auf jenen die materiellen und kulturellen Aspekte künstlerischer

Produktion bewegter Bilder oder überhaupt deren Zustandekommen beleuchtet und als Bruchstücke eines zersplitterten, metaphorisierten Kinos im Sinne Jacques Rancières wahrgenommen wurden [2]. Selbst die hoch hängenden, großformatigen *Text Dias* (1970) von KRIWET im Raum unterstützten als spiralenförmig bedruckte Ausnahme diese Idee. Abb. S. 39, 78–81

Entlang künstlerischer Schlüsselpositionen zur Ausstellungsthematik und in gegensätzlicher Ergänzung dazu doppelbödiger cineastischer Hommagen verwiesen viele der gezeigten Arbeiten auf abwesende Filme, interagierten in freier Assoziation als Ideen, Möglichkeiten und Erfahrungen, was die lose Rückkehr zur hierbei stets als neuralgisch empfundenen und in Abwandlung eines Filmtitels des Lettristen Maurice Lemaître (*Le film est déjà commencé?*, 1951) anlehnenden Frage nicht ausschloss: Wie und ab wann beginnt denn ein Film, aber vom Wort aus gedacht? Wo verlaufen die Grenzen filmisch / unfilmisch? Wann ist der genaue Zeitpunkt der Unterscheidbarkeit von Literatur, bildender Kunst und Film?

Share-e-Nau Wanderings (A Film Treatment) (2006) von Mario Garcia Torres zeichnete etwa die Anfänge der Auseinandersetzung des Künstlers mit dem Werk des italienischen Künstlers Alighiero Boetti nach. 1971 besuchte Boetti Kabul und erwarb dort Räumlichkeiten für ein Hotel, das als „One Hotel“ bekannt wurde. Er selbst bewohnte es und führte es auch bis 1977. 2001 machte sich Garcia Torres auf die fiktive Reise nach Kabul, um das besagte „One Hotel“ zu finden, in dem Boetti einst untergebracht war. *Share-e-Nau Wanderings (A Film Treatment)* drehte sich um diese fiktive Reise und besteht aus fiktionalen Faxen, die an den verstorbenen Künstler gerichtet waren. Blieb die erste Bemühung, das Hotel zu finden, noch fiktional, reiste der Künstler 2010 tatsächlich nach Kabul, um seine konkreten Erfahrungen in der Arbeit *Tea, 1391 (Iranian calendar)* zu verarbeiten, die er dann im Rahmen der dOCUMENTA (13) präsentierte. Abb. S. 96–99

Im Ausstellungszusammenhang wurde es auf der sprachlichen Ebene noch zusätzlich vertrackter, als eine ursprünglich nur für den Film *La Guerre du feu* (Am Anfang war das Feuer, 1981) des französischen Regisseurs Jean-Jacques Annaud erfundene, noch dazu komplett unverständliche Sprache der künstlerischen Untersuchung und Arbeit wie im Falle des Ausstellungsbeitrags von Christian Mayer diente. Ausgangspunkt für den Künstler war sein Interesse an der Sprache Abb. S. 84–85

„Ulam“, welche der Schriftsteller Anthony Burgess so nannte und die dieser 1980 im Auftrag von Annaud für besagten Film erfand: Eine Sprache, die so klingen sollte wie jene von Steinzeitmenschen vor ca. 80.000 Jahren. Der komplette Film wurde dann auch in der Sprache „Ulam“ ohne Untertitel gedreht, was dem Verstehen des Filmes aber keinen Abbruch tat. Mayers aktuelles Videomaterial mit PerformerInnen, die den Spracherwerb einstudierten, traf auf historische Aufnahmen, die vor Beginn der Dreharbeiten zum Film entstanden sind und wiederum die SchauspielerInnen zeigten, wie sie die Sprache und ihren Ausdruck einübten. Mit dieser zeitlichen Differenz von fast 35 Jahren wurde hier also unter völlig unterschiedlichen Voraussetzungen Ähnliches versucht und einander gegenübergestellt. Auf der Audiospur liefen zudem Ausschnitte eines Interviews mit einer der SchauspielerInnen, die damals in *La guerre du feu* mitgespielt hatte. Bibi Caspari erinnerte sich darin, wie sie mit der Sprache bei den Dreharbeiten zum ersten Mal in Kontakt kam, was sie dabei empfand und über welche Erinnerungsreste an die vormals erlernte Sprache sie heute überhaupt noch verfügt. Dass sich die BetrachterInnen-Fantasie für eine solche Sprache letztlich wieder sehr stark am filmischen Resultat orientiert, stellte sich dabei als ein weiterer interessanter Aspekt dieser Arbeit heraus, den der Filmtheoretiker Christian Metz in einem semiotischen Zugang wie folgt beschreibt:

> Damit die Sprache Bedeutung *kodieren* kann, muss es erst Bedeutung geben; dass sie Dinge sagen kann, die dem menschlichen Geist etwas bedeuten, oder dass es eine charakteristische Eigenschaft des menschlichen Geistes ist, Bedeutung zu verstehen, läuft auf dasselbe hinaus, denn beides sind schlichtweg Aspekte der permanenten Reversibilität des phänomenologischen „Es gibt“. […] Einzig weil wir von einer Welt durchdrungen sind, in der alles *natürlich* Bedeutung (Ausdruck) ist, konnte die Sprache durch Kodierung und *Verfremdung*, die sowohl über die fundamentalen Bedeutungsfunktion hinausgehen als auch ihr sekundär sind, entstehen. […] Kurz gesagt, es gibt beides. Einerseits ist da eine willkürliche Kodifizierung, durch die die Sprache erst wirklich *zu existieren* beginnt, und andererseits gibt es etwas, was sich hinter dieser Kodifizierung verbirgt. Was Worte bedeuten, ist „natürlich“. […] Die Dinge der Natur haben Bedeutung.
> Auf ihrer Grundlage erst schafft der Mensch Worte, d. h. künstliche Dinge. Das Wort ist aber auch ein Objekt, ein Werkzeug, ein Fabrikat.

> Wir fabrizieren es nach Belieben. Sobald es aber fabriziert ist, wird es zu einem Ding der Natur, das neben den anderen Dingen der Natur besteht. [...] Und wie alle Dinge der Natur nimmt das Wort eine natürliche Bedeutung an, die gewissermaßen eine Art Naturalisierung seiner künstlichen Bedeutung post hoc darstellt, und zwar qua Gewöhnung.[3]

Die Sprechübungen, die die (Laien-)SchauspielerInnen in Maria Meinilds *Curtain* (2012) absolvierten, waren voller Wiederholungen und Variationen – aber im Unterschied zu *ULAM* (2013) handelte es sich hierbei um verständliche Textteile –, die die DarstellerInnen in ihrer konstanten (Wieder-)Aufführung auf der Suche nach den bestätigenden Aspekten ihrer Gesten ausübten, um sich ihrer filmischen Identität zu versichern. Jeder für sich weckte dabei Assoziationen zu einem Handelnden, „der mithilfe und innerhalb der Sprache agiert, um etwas herzustellen, das sich vorab nicht genau fassen lässt, das problematisch und in gewissem Sinne unabschließbar zu bleiben hat."[4] Diese Akte der Selbstkorrektur entzogen sich möglicher narrativer Schlussfolgerungen und verwiesen auf Sprache als genau jenes künstlich konstruierte Produkt. Ein breites Band von Film- und Theaterreferenzen bildete den Hintergrund, während die Arbeit in einen Dialog mit ihren eigenen Bedingungen trat und gleichzeitig die Verhältnisse erforschte, die in- und außerhalb dieses kontrollierten filmischen Rahmens produziert werden.

Abb. Innencover, S. 104–105

Wie sich Film, der sich von einer zelluloidbasierten Form zur digitalen Informationseinheit entwickelte, bzw. wie sich dessen Erinnerung generierende Betrachtung in eine Skulptur übertragen ließe, verfolgte der Künstler Martin Ebner in seiner Arbeit *Film ohne Film* (2013). Die gleichnamige Serie kettenförmiger, bemalter Holz- und Kunststoffobjekte unterschiedlicher Länge und Dicke bezog ihre Struktur und Farbmuster aus den Schnittmustern und Szenenfolgen einzelner Experimental-16mm-Filme der 1960er- und 1970er-Jahre: *Mirror Animations* von Harry Smith (1957/1979), eine Interpretation des Buddhismus und der Kabbala in Collagetechnik, die New Yorker Straßenverkehrs-Luftaufnahme-Montage *Shift* von Ernie Gehr (1972–1974), oder die komplexe Untersuchung von Zeit und Raum in *Sailboat* von Joyce Wieland (1968). Sie glichen Stellvertretern der eigentlichen Filme, es gab ein Wiedererkennen. Man konnte sie betrachten und als Objekte der Interpretation vergleichen, man konnte sich vorstellen, was in ihnen an welcher

Abb. S. 39, 73, 76, 81

Stelle vorgeht. Wie denn generell die Wahrnehmungslinien zwischen Film-BetrachterInnen und Kunst-ZuschauerInnen verlaufen oder sich Unterschiede der Filmsprache der Bilder und der bildhaften Sprache der Worte, zwischen dem Schweigen in der Betrachtung eines Bildes und jenes Momentes, in dem sich die vornehmliche Bedeutung zwischen den Worten auflöst, wie erwähnt als „Film ohne Film" bis hin als „Film ohne Bild" definieren lassen, waren weitere wesentliche Kernfragen von *Wörter als Türen – in Sprache, Kunst, Film*.[5]

Ein Großteil der im Ausstellungskontext versammelten Arbeiten schaffte neben einem fiktionalen Eigenleben zudem aktivierende Bezüge, die sich eben auch durch die (im Kino auch immer mit-) gewünschte Mitarbeit der Betrachtenden stets wieder neu herstellen: So entstanden in Michael Baers' *Wavelenght* (2006/2014) – einem grafischen Reenactment von Michael Snows bahnbrechendem Film *Wavelength* (1967) – durch die freie Entnahme der gestapelten Comicbroschüren Variationen in der sich ändernden Vorrätigkeit der tausend Exemplare, die in Folge die titelgebende Wellenbewegung simulierte. Fehler im Film, die Michael Snows *Wavelength* – ein 45-minütiger Zoom durch eine leere Loftwohnung – lebendig erscheinen ließen, trafen hier auf den Fehler im Druck einer verwendeten Katalogvorlage, welcher die inkorrekte Schreibweise der Benennung der Installation bestimmte: *Wavelenght*.

Abb. S. 116–117, 128

Die eben nicht der Wahrheit entsprechende und kurzerhand einer Werbung entliehene Lüge aus dem experimentellen Kurzfilm *Remedial Reading Comprehension* (1970) von Owen Land[6], dem 2011 verstorbenen Vertreter des Strukturellen Films und gehobenen Wortspiels, sollte stellvertretend für die ganze Ausstellung stehen: „This is a film about you... not its maker." In *Remedial Reading Comprehension* kombinierte er in Form eines Unterrichtsfilms gekonnt und mit Humor farbiges, zum Teil überbelichtetes Found Footage, eine Reiswerbung und Textausschnitte einer Schnellleseanleitung. Schlicht als „Leseübungen" hingegen bezeichnete Marcel Broodthaers seine Filme und den in der Ausstellung zu sehenden, äußerst knappen *Une Seconde d'Eternité (D'après une idée de Charles Baudelaire)* (1970) kommentierte er wie folgt: „Dieser Schriftzug, der nur eine Sekunde dauert, bildet gleichzeitig einen Film mit einer erfundenen Handlung."[7] *Une Seconde d'Eternité* bestand aus genau jenen 24 Bildern, die eine Filmsekunde ausmachen, sodass die sich in 24 Einzelkadern aus mehreren Strichen aufbauenden Initialen „M. B." während der

Abb. S. 38, 123

Abb. S. 101–102

Filmvorführung im Loop eher als stehendes, denn als bewegtes Bild wahrnehmbar waren. Ein ganz anderes Klaffen in der Autorenschaft beschrieb *The Personal Experience Behind Its Description* (2009) der Künstlerin Rosa Barba, ein mit Laserschnitt bearbeiteter Vorhang aus weißem Filz, der einen Text über Licht, Schatten und Reflexionen durch eine einfache Licht-Projektion als Negativ-Raum der Cut-Outs auf der Rückseite des Vorhanges bloßlegte und damit die flache Ebene des Textes in eine räumliche 3-Dimensionalität hievte. Für die filmische Arbeit *By any means necessary* (2013) griff Wolfgang Plöger auf im Internet veröffentlichte „Last Statements" von in den USA zum Tode verurteilten Gefangenen zurück, indem er diese Texte per Siebdruck in voller Länge auf Filmschleifen druckte. Als Ergebnis sahen wir den lesbaren Text in ratternden, mäandernden Schleifen durch den Raum und am Projektor gleiten, in der Projektion an der Wand selbst, abstrakt und hieroglyphengleich, entzog er sich aber einer eindeutigen Lesbarkeit.

Abb. S. 108

Abb. S. 39, 74, 80

Der Ausstellungsbeitrag *Tatum's Ghost* von Stephanie Barber entstand 2011 als Teil der Reihe „Jhana and the Rats of James Olds or 31 days / 31 videos", in der sie während eines Stipendiumaufenthalts am Baltimore Museum of Art vor den Augen der BesucherInnen täglich ein Video produzierte. In *Tatum's Ghost* bearbeitete sie eine Folge der US-amerikanischen Krimiserie *Unsolved Mysteries*, indem sie diese mit gefundenen und erfundenen Youtube-Kommentaren überlagerte und durch gezielte Überforderung des Auges die unheimlichen Spuren des Einflusses der zwei Ebenen auf die jeweils andere vorführt und dadurch televisionäre Wirkungssphären mit vermeintlich mediendemokratisierenden, endlosen Internetkommentarfunktionen kurzschloss.

Abb. S. 124

Ähnliche Anliegen der Untersuchung von Wahrnehmungssystemen im Einfluss des Kinos und Entstehungsprozessen von Bedeutung verbanden die Arbeiten von Pierre Bismuth und David Lamelas. In der sich auf den Filmklassiker *The Party* (Der Partyschreck, 1968) von Blake Edwards beziehenden und gleichnamigen Arbeit von Bismuth aus dem Jahre 1997 wurden Bild und Text parallel gezeigt. Der Originalfilm wurde ohne Ton gezeigt, während der daneben projizierte Text in Gleichzeitigkeit eher gegenläufig wirkte, denn das Bild untertitelte. Den Text verfasste ein Stenograf, der gefragt wurde, die über Kopfhörer empfangenen szenischen und atmosphärischen Eindrücke zu beschreiben, gleichzeitig zu erklären zu versuchen und

Abb. S. 106–107
Abb. S. 79, 87–89

auch noch die Dialoge so gut wie möglich zu transkribieren. Im deutlichen Trennen und der Rekonfiguration des Seh- und Höraktes zerriss Bismuth den üblichen Aufmerksamkeitsfokus der Betrachtung, sodass der Text die Hauptattraktion wurde und die Bilder auf eine einfache Bestätigung oder Vorraussetzung jenes reduziert wurden. Bei David Lamelas' *Conflict of Meaning (Film Script)* (1972) handelte es sich wiederum um eine Multimedia-Installation, in der Fotografie und Filmprojektion kombiniert bzw. gegenüberstellt wurden und gerade in den darin resultierenden Brüchen ihre jeweiligen Formen der Bedeutungsproduktion und ihre Codes veranschaulichbar zeigte. Generell ließ sich die Trennung von Fiktion und Realität aber damals auch wesentlich leichter darstellen als heute, wie die Arbeit *My Best Thing* (2011) von Frances Stark in der Ausstellung bewies. In ihrer Abb. S. 112–113 ersten Videoanimation gewährte die Künstlerin durch Transkription autobiografisch gefärbter Dialoge einer Online-Beziehung Einblicke in ihr Leben und ihre künstlerische Praxis. Zu sehen waren darin zwei nackte Online-Avatare, ein Mann und eine Frau, zwei Playmobil-ähnliche Figuren, die zudem blattförmigen Lendenschutz aus Gründen der Sittlichkeit trugen. Das Video zeigte die Spuren der Entwicklung ihrer Beziehung als eine Serie von Diskussionen, die von einer permanenten Chat-Room-Flirtbereitschaft ausgehen. Die Arbeit reflektierte auf sehr humorvolle und berührende Art unsere sich verändernde Welt als einen Ort, an dem technisch basierte Beziehungen neue Formen des Umgangs und Verhaltens miteinander lostreten. Ein Topos, welcher später auch in der erfolgreichen Hollywoodproduktion *Her* (2013) von Spike Jonze aufgenommen wurde. Der ebenfalls Hollywood-Erprobte, aber in den letzten Jahren auch aufgrund ökonomischer Veränderungen in den Produktionsabläufen der Filmindustrie primär als Schriftsteller, bildender Künstler und tourender Spoken-Word-Artist agierende John Waters, in dessen Arbeiten stets provokative Themen Abb. S. 83 und Motive wie Rasse, Sex, Gender, Konsumerismus oder Religion von Belang sind, war mit *Slade 16* (1992) in den Räumen des Künstlerhaus, Halle für Kunst & Medien vertreten. *Slade 16* ist einer seiner „little movies", wie er diese spezielle Form narrativer Sequenzen zu nennen pflegt, und bei denen er eigene und nicht-eigene Filmstills neu miteinander kombiniert. In *Monkeys and Tigers* (2009/2014) von Sonia Leimer stellte die Künstlerin das von ihr erworbene Original- Abb. S. 129–130 James Cole-Hemd aus dem von Chris Markers *La Jetée* (Am Rande des Rollfelds, 1962) inspirierten Film *12 Monkeys* (1995, Terry Gilliam) aus, welches Schauspieler Bruce Willis in seiner Rolle als James Cole in einer Rückblende trug und zwischenzeitlich von Leimer an den italienischen Kunstsammler Antonio Dalle Nogare verkauft wurde. Die Künstlerin richtete dabei das Hauptaugenmerk auf den Transfer in die Welt des Kunstsammlers, aber auch auf die Bekanntheit und den Fetischstatus des Hemdes; im Hemd selbst waren die wechselnden Besitzer mit James Cole / Antonio Dalle Nogare / Bruce Willis angegeben. Damit vermischten sich abermals die Ebenen der Fiktion und der Realität: Cole, der fiktive Charakter, Willis als dessen Darsteller und Dalle Nogare als Sammler dieser Geschichte und nunmehr rechtmäßiger Eigentümer des Hemdes, als realer Auslöser unsere Erinnerung an besagten Film.

Um eine weitere Arbeit mit starkem Chris Marker-Bezug drehte es sich bei Jennifer Wests *Spiral of Time Documentary Film (16mm negative strobe-light double and triple exposed - painted with brine shrimp - dripped, splattered and sprayed with salted liquids: balsamic and red wine vinegar, lemon and lime juice, temporary flourescent hair dyes - photos from friends Mark Titchner, Karen Russo, Aaron Moulton and Ignacio Uriarte and some google maps- texts by Jwest and Chris Markers' Sans Soleil script -shot by Peter West, strobed by Jwest, hands by Ariel West, telecine by Tom Sartori)* (2013). Der Titel gab bereits in umfassendem Detail Auskunft über das Entstehen und die verwendeten Materialien des digitalen Films, der jedoch durch händische Manipulation direkt am Zelluloidfilm entstand. Für diese aufwendigen und nahezu an Performance grenzenden Zelluloid-Manipulationen, die die Künstlerin schon seit über zehn Jahren anwendet und durch die bereits über 80 Filme entstanden sind, verwendet sie 16mm-, 35mm- und 70mm-Filme. Im Falle des in *Wörter als Türen – in Sprache, Kunst, Film* gezeigten Films wurde ein 16mm-Negativ stroboskopisch doppelt und dreifach belichtet und mit ihrem eigentlichen Zweck entfremdeten, so unterschiedlichen und im Titel ausführlich angeführten Flüssigkeiten wie Parfum, Jack Daniel's-Whiskey oder Pfefferspray besprüht und bemalt, mit einem Skateboard überfahren oder durch Teergruben geschleift. Weiters verwendete sie Fotos von ihr befreundeten KünstlerInnen, Google Maps-Textausschnitte sowie eben Passagen aus dem Drehbuch zu *Sans Soleil* des französischen Filmessayisten, Schriftstellers, Fotografen und Künstlers Chris Marker.

Abb. Cover, Abb. S. 117

Javier Téllez' Arbeit *Screenwriters* (2009) entstammt einer Reihe von Arbeiten des Künstlers, die man nach „Film ohne Film" und

Abb. S. 128, 132

„Film ohne Bild“ unter „Kino ohne Film“ zusammenfassen könnte. Die wortlose Arbeit steht in Zusammenhang mit einer grundlegenden Befragung von Realität und filmischen Kategorien und war auf nur wenige Elemente wie einen Projektor, Drehbuchautoren-Statuetten und das von ihm an die Wand geworfene Schattenbild dieser Figuren reduziert. Dabei war zusätzlich unklar, wo das Kunstwerk als solches passiert: War es das Bild an der Wand, die schattenwerfenden Statuetten oder doch der Projektor und seine Lichtquelle? Im Falle der gezeigten Arbeit verschwammen damit die Kategorien von Bild, Film und Skulptur und bargen Analogien über den Wirkungsradius der Tätigkeit von DrehbuchautorInnen und auch mögliche Folgen im Falle eines Streiks jener wie zuletzt 2010, bei dem es um ihre Rolle innerhalb einer sich rapide verändernden Industrie ging. Dass sich auch die Kinogeschichte selbst im Fluss befindet und nicht als ein einziger hehrer Kanon für immer zementiert existiert, bestätigte Matthias Meyers fragiles *The Other Side of the Wind* (2012) eindrucksvoll. Die Einzelbuchstaben des Titels von Orson Welles’ gleichnamigem letzten, mythenumwobenen, aber doch nie fertig gestellten Film-im-Film-Projekt waren als Mobile im Raum arrangiert. Dabei waren sie der durch die Bewegungen des Publikums von einem Ausstellungsraum zum nächsten Ausstellungsraum entstehenden Luftströmung ausgesetzt, welche sich auf die dadurch vielsagend bewegten Buchstaben übertrug. Am 6. Mai 2015 – dem Tag des 100. Geburtstags des Meisterregisseurs – hätte dem Film und seinem erstaunlichen Schicksal ein weiteres Kapitel in Form einer von Peter Bogdanovich erstmals vollendeten, überarbeiteten Leinwandfassung hinzukommen sollen, welches jedoch bis dato nicht realisiert wurde.

Abb. S. 111

Renée Greens *Partially Buried* (1997), ein für die achtzigste Ausgabe der amerikanischen Kunstzeitschrift *October* konzipierter KünstlerInnenbeitrag von Ansichten des Videoanteils des ersten Teils der Installationsreihe „Partially Buried in Three Parts“ im Zeitraum von 1996–1999, in dem sie unter anderem persönliche Details der Entstehung der Arbeit und die Verbindung zu Robert Smithsons Arbeit *Partially Buried Woodshed* beschrieb, wurde in der Ausstellung als lesend abzuschreitende Vitrine gezeigt. In der Installationsreihe behandelte die Künstlerin Fragen nach genealogischen Spuren, Orten der Erinnerung und ortsbezogenen Arbeiten, dem Verschmelzen nationaler Identitäten und kultureller Präferenzen, Entropie, der Erinnerung und ihren Widersprüchen, Gedenkstätten und Denk-

Abb. S. 114–115

mälern, Nostalgie ebenso wie nach „radikalen" gesellschaftlichen Veränderungen, welche oftmals nur mehr als formalistische Stilwiederholungen auftreten.

Bilder und Farbbeilagen von Magazinen begleiteten in John Smiths *Associations* (1975) einen gesprochenen Text aus *Word Associations and Linguistic Theory* des Linguisten Herbert H. Clark. *Associations* arbeitete zudem gegen allzu simplifizierende Übertragungen der Filmsemiotik, die ausschließlich linguistische Modelle auf den Film überträgt und Film per se als „Sprache" oder „Text" begreift. In der Verwendung von Doppel- und Mehrdeutigkeiten der englischen Sprache richtete sich diese hier gegen sich selbst und Bild und Wort arbeiteten sowohl zusammen wie auch gegeneinander, um Bedeutung herzustellen oder auch zu zerstören, wobei der seiner Aufmerksamkeit bewusste Betrachtende dabei zum bewusst seiner Aufmerksamkeit misstrauenden Betrachtenden wurde. Abb. S. 118–121

Bei einer weiteren und weniger irreführenden Form der Relektüre handelte es sich bei *White Calligraphy, Re-Read* (1967/2010) von Takahiko Iimura. Darin kehrte er zu seinem 1967 produzierten Frühwerk *White Calligraphy* zurück, in dem er Zeichen aus dem *Kojiki* (der ersten schriftlichen japanischen Quelle) auf Film übertrug. Durch die Geschwindigkeit der Projektion wird der Text zu einem visuellen Effekt, man glaubte sich unabhängig nicht vorhandener Sprachkenntnisse als Zeuge dessen, was Jacques Lacan einst als Gleiten des Signifikats unter der Signifikantenkette bezeichnete und die Auflösung eines holistischen Bedeutungsbegriffs als starre Einheit von Signifikat und Signifikant zugunsten eines pragmatischen und kontextabhängigen beschreibt. In der neuen und in der Ausstellung gezeigten Version sprach der Künstler zusätzlich zum Bild ein paar der Laute ein. Abb. S. 125

Eine Zusammenarbeit mit der Poetin Lisa Gill stellte Jeanne Liottas *Dark enough* aus dem Jahre 2011 dar, in der sich die Poesie auf einer virtuellen Probebühne selbst als „Text als Text" und „Text als Bild" zeigte, dabei jedoch poetische Illustration mit den gewohnten Mitteln poetischer Illustration meidend. Liotta beschrieb ihre Vorgangsweise dabei wie folgt: Abb. S. 127–129

> Diese Worte von jemand anderen, mit denen ich arbeiten würde, machten mich ein wenig nervös. So haben wir zunächst korrespondiert, aber zugleich begann ich bereits mit meiner Arbeitsmethode: Ich arbeite

> mit einer Titeltafel, die wie eine tatsächliche Anschlagtafel funktioniert und auf die ich Buchstaben hefte und so rekonstruierte ich alle Gedichte aus dem Buch, die mir gefallen haben. Ich entwarf die Strophen auf dieser Titeltafel und machte Durchschläge mit Grafit auf Papier. Dabei fand ich's sehr interessant, die Worte nachzustellen, mit den Buchstaben zu hantieren und über die Sprache als Material nachzudenken, so wie man's immer sagt und ich auch PoetInnen es immer sagen höre. Aber ich habe es eben buchstäblich in einen mechanischen Sinn gekehrt! Ich hatte also die Pausen und das Papier mit Text drauf, und das habe ich dann wieder abgefilmt. Es war, als ob ich mit dem Materialaspekt beginnen musste, um dann einen langsamen Weg hin zum bewegten Bild zu finden. Das Ergebnis war eine ephemere Textur mit einem kleinen Schauer persönlicher Wärme – und der zeitraubende Entstehungsprozess bleibt auch in der vollendeten Arbeit irgendwie noch spürbar.[9]

Zu guter Letzt zeichnete die Künstlerin Sonja Gangl in der Werkgruppe „THE END_“ jeweils das Schlussbild eines Films. Das ausgewählte Bild war dennoch nicht der Abspann, sondern eigentlich das vorletzte Bild. In der Insistenz auf dieses Bild und die zeichnerische Praxis verwies sie auf die für die Konzeptkunst wesentliche Auseinandersetzung von Kunst mit Kunst über Kunst und spielte mit den Stärken eines Mediums in einem vermeintlich schwächeren, älteren, traditionelleren. Sie streicht damit jenen Punkt hervor, an dem sich Film durch die Unbewegtheit des End-Credits ohnehin der Fotografie, der Malerei oder eben der Zeichnung annähert, die ZuschauerInnen den Wirkungen der innerfilmischen Strategien und generell der filmischen Fiktion entlassen werden und an dem sie mit „DAS ENDE“ die Grenze zwischen Fiktion und Realität und damit die Idee von Kino schlechthin trifft.[10]

Abb. S. 93–94, 100–101

Meine Dankesgrüße gehen an alle an der Ausstellung beteiligten KünstlerInnen, den LeihgeberInnen, den BesucherInnen der Ausstellung, sowie den öffentlichen Fördergebern Kulturabteilung des Landes Steiermark, Kulturamt der Stadt Graz und Kunstsektion des Bundeskanzleramts. Zudem möchte ich mich besonders bei Martin Ebner für seinen Vortrag „Ein helles Kino, ein Ort der Möglichkeiten“ und das mitvorgestellte und mit thematisch nahen Perlen wie Alfred Leslies *The Last Clean Shirt* (1964) bestückte Filmprogramm und den beiden Katalogautoren Olaf Möller und Rainer Bellenbaum bedanken, wobei letzterer zusätzlich das die Ausstellung begleitende Rahmenprogramm mit dem Vortrag „Kinematografisches Handeln. Von den Filmavantgarden zum Ausstellungsfilm“[11] bereicherte. Abschließend und aufrichtig danke ich allen MitarbeiterInnen aus dem Team des Künstlerhaus, Halle für Kunst & Medien für die ideale Umsetzung dieses Projektes und ein großes Dankeschön auch, insbesondere der Leitung des Hauses.

1 Gilles Deleuze, *Cinéma 2. L'image temps*, Paris, 1985, deutsche Übersetzung zitiert nach: Alexander García Düttmann, *Was weiß Kunst? Für eine Ästhetik des Widerstands*, Konstanz: Konstanz University Press, 2015, S. 18.

2 Vgl. Jacques Rancière, *Und das Kino geht weiter. Schriften zum Film*, Berlin: August Verlag, 2012, S. 91. Vgl. in diesem Band, S. 28f: „Neben dem Kino, das seine Karriere als alleinstehende Kunst fortsetzt, entfaltet sich ein zersplittertes und metaphorisiertes Kino, welches sich jenem Verwischen der Grenzen der Kunst widmet, das selbst zu einer Kunst wird.“

3 Christian Metz, undatierte Manuskriptnotizen zur *Phénoménologie de l'expérience esthétique*, zitiert nach: Dominique Chateau und Martin Lefebvre, „Dance and Fetish: Phenomenology and Metz's Epistemological Shift“, in: *October*, 148, Frühling 2014, Cambridge, MA und London: MIT Press, S. 115, Übersetzung von Thomas Raab.

4 Peter Wollen, „'Ontology' and ‚Materialism' in Film“, 1976, in: *Readings and Writings. Semiotic Counter-Strategies*, London: Verso, 1982, S. 204, Übersetzung durch den Autor.

5 Vgl. hierzu auch Gregory J. Markopoulos' Verwendung der Maxime „Film als Film“ in: ders., *Film as Film. The Collected Writings of Gregory J. Markopoulos*, London: The Visible Press, 2014.

6 Geborener George Landow (1944–2011), nannte sich ab den 1970er-Jahren Owen Land. In der vorliegenden Publikation wird der Künstler unter Owen Land geführt.

7 Marcel Broodthaers im Interview mit Freddy de Vree 1971, zitiert nach: *Marcel Broodthaers. Cinéma*, Ausst.-Kat., Düsseldorf / Berlin: Kunsthalle / Nationalgalerie, 1997, S. 127.

8 Karolin Meunier, „Liebe Freunde, 1968. Marcel Broodthaers' Offene Briefe“, in: Sabeth Buchmann et. al., *Wenn sonst nichts klappt: Wiederholung wiederholen. In Kunst, Popkultur, Film, Musik, Alltag, Theorie und Praxis*, Berlin: b_books, 2005, S. 123.

9 Jeanne Liotta zitiert nach: Sarah Smith „Citizen Science. The enlightenment of Jeanne Liotta“, in: *The Austin Chronicle*, 17. Februar 2012, Übersetzung durch den Autor, (http://www.austinchronicle.com/screens/2012-02-17/citizen-science/, Stand: 5. Februar 2015).

10 Vgl. Michael Schaudig, „Das Ende vom ‚Ende'. Nachruf auf eine filmische Konvention“, in: *montage/av*, 2003, S. 193, (http://www.montage-av.de/pdf/122_2003/12_2_Michael_Schaudig_Das_Ende_vom_Ende.pdf, Stand: 31. Oktober 2015).

11 Vgl. Rainer Bellenbaum, *Kinematografisches Handeln. Von den Filmavantgarden zum Ausstellungsfilm*, Berlin: b_books, 2013.

Das gefilmte Wort: Zwischen Bestimmungskraft, Mehrdeutigkeit und Bildmodus

Dass das Kinematografische weitgehend als Sprache verstanden wird, liegt weniger an seinen Erfindern als an jenen AktivistInnen, die das Bewegtbild immer wieder aufs Neue mit der Darstellungsweise des Schriftlichen oder des Phonetischen zu kombinieren suchen. Einem Pionier des Erzählfilms wie David Wark Griffith ging es dabei durchaus um die eigenständige visuelle Form des Kinos. Denn auch wenn er zur Optimierung seiner Inszenierungen ausdrücklich an der Einbeziehung verbaler Zwischentitel festhielt, waren es doch vor allem spezifische kamera- und schnitttechnische Mittel, denen sein künstlerisches Interesse galt: dem Wechsel von mal aus der Nähe, mal aus Entfernung aufgenommenen Spielszenen oder der Parallelmontage von auseinanderlaufenden Handlungssträngen. Andererseits teilte der ursprünglich als Schriftsteller ambitionierte Griffith das Anliegen einer sich in den 1910er-Jahren etablierenden Kinoindustrie, die Filmvorführung aus den volkstümlichen Milieus der Varietés und der Jahrmärkte heraus in die Sphären eines kulturbürgerlichen Lichtspieltheaters zu tragen. Unerlässlich erschien dem Regisseur dafür die Orientierung an der Dramaturgie klassischer Prosaliteratur, wobei klar war, dass der Handlungsumfang eines Romans kameratechnisch kaum vollständig in Szene gesetzt werden konnte und dass der Erzählfilm deswegen einen Teil solcher Handlung pragmatischerweise mittels schriftlicher Titel anzudeuten hatte: „Statt zu zeigen, wie ein Mann den ganzen Weg nach Hause läuft, denken wir, die Aktion beschleunigen und die Geschichte kompakter machen zu können, indem wir einfach sagen: Der Mann ging nach Hause.“[1] Eine solche Ökonomie des Erzählens sollte laut Griffith nicht nur die Erlesenheit und Kostbarkeit des szenisch Gezeigten bewahren, sondern auch für das nötige Tempo der filmischen Erzählung sorgen.

Kaum weniger Wertschätzung gegenüber dem Rückgriff auf das Schriftliche bekundeten die avantgardistischen FilmkünstlerInnen der 1920er-Jahre. Obgleich sie sich vehement gegen einen literarischen Duktus des Filmemachens wandten, schloss dies die Einbeziehung von Wörtern und Sätzen keineswegs aus. Der Surrealist, Filmkritiker und Darsteller Robert Desnos sah den Buchstaben als ebenso geeignet zur filmischen Projektion an wie das menschliche Gesicht[2]. Und für den Regisseur Jean Epstein war es „absolut deprimierend“[3], einen Film ohne (Zwischen-)Titel anzuschauen. Diese waren für ihn gewissermaßen so etwas wie die Satzzeichen in Bezug auf die Wahrnehmung. Die zeitgenössische

Forderung nach einem Film ohne Schrifttafeln hielt Epstein für ebenso abwegig wie die Lektüre eines Mallarmé-Gedichts ohne Interpunktion. Im Unterschied zur Griffith'schen Praxis, wonach die Zwischentitel der ökonomischen Unterstützung eines einheitlich erzählerischen Universums (Diegese) zu dienen hatten, insertierten Künstler wie Marcel Duchamp, Man Ray oder Fernand Léger eigensinnige Konstatierungen zwischen den Fluss der schauspielerischen oder figürlichen Szenen. Dabei wird das Geschriebene seinerseits zum Bewegtbild, wenn es als leuchtende Laufschrift im Rahmen einer Pariser Nachtszene über die Leinwand zieht wie in Man Rays *Emak Bakia* (1926) oder wenn poetisch verrätselte Wortspiele, spiralförmig gesetzt, vor der Kamera rotieren wie in *Anémic Cinéma* (1924/26) von Marcel Duchamp. Hier unterwandert sowohl die optische Anordnung wie auch die rätselhaft karikierende Semantik der Schriften eine durch abstrakt grafische Rotoreliefs adressierte Imagination. Gleichwohl unterscheiden die Filme mit ihrem abwechselnden Gebrauch von Schrift und Bewegungsgrafik deren jeweilige spezifische Funktionen des Sagens respektive Zeigens. Die kreisförmig bewegten Wortspiele wie „L'enfant qui tète est un souffleur de chair chaude et n'aime pas le chou-fleur de serre-chaude“ (Der nuckelnde Säugling ist ein Souffleur des heißen Fleisches und verschmäht Blumenkohl aus dem Treibhaus) adressieren eine deutlich andere – dechiffrierende – Betrachtungsweise als die den Modus der Anschauung fordernden Rotoreliefs.

Hingegen wird eine solche eindeutige Unterscheidung von Wahrnehmungsmodi von den FilmerInnen der Nachkriegs-Avantgarden zunehmend zur Disposition gestellt; insbesondere von solchen, die neben ihrer kinematografischen Arbeit gleichfalls dem Handwerk wortsprachlicher Poesie verbunden sind. Der belgische Künstler, Dichter und Filmemacher Marcel Broodthaers kombiniert in *Le corbeau et le renard* (1967/1972) die Bedeutung und Objekthaftigkeit der Worte so vielseitig, dass deren Lesbarkeit und Sichtbarkeit subtil ineinandergreifen. Als handschriftliche Kennzeichnung oder als abgefilmtes Druckwerk erscheint das Geschriebene mal scharf fokussiert, ein andermal sichtlich defokussiert oder fragmentiert. Zwischentitel, auf denen lediglich der französische Artikel „Le“ geschrieben steht, verweisen – grammatisch unpassend – auf die jeweils danach gezeigten Objekte: auf einen Stiefel, frz.: *la* botte, sowie auf eine Flasche, frz.: *la* bouteille. Passenderweise, wiewohl virtuell verweist das „Le“ hingegen auf die im Film nicht sichtbaren Titelfiguren des Raben (*le* corbeau) respektive des Fuchses (*le* renard). Beschriebene Papierrollen, Sprechblasen oder Flaschenetiketten zeigen die Worte, indem diese jene gleichzeitig konstituieren. Umgekehrt finden sich die Worte von Gegenständen wie Gläsern, Blumen oder einem Hammer verdeckt, verzerrt oder kontextualisiert. Metaphorische Beziehungen – „Worte wie Blumen“ (Hölderlin) – klingen von Ferne ebenso an wie etwa die metonymische Funktion zwischen dem Wortsprachlichen und einem Telefonapparat. Gemeinsam sind den Wörtern wie den Dingen jeweils der Status ihres Präsentiert-Seins, ihrer gegenseitigen Positionierung und ihrer Entwendung aus einem konventionellen Gebrauch.

Hollis Framptons *Zorns Lemma*

Eine Nähe zu wortsprachlicher und konzeptueller Poesie weist ebenfalls das filmische Werk des US-amerikanischen Künstlers Hollis Frampton auf. Beeinflusst von Studien- und Künstlerkollegen wie dem Bildhauer Carl André und dem Maler und Objektkünstler Frank Stella sowie von der schillernden Persönlichkeit des Dichters Ezra Pound, arbeitet Frampton als Autor, Fotograf wie auch als Filmer. Immer wieder sucht er danach, die Motive seiner Umgebung in neue Ordnungszusammenhänge zu stellen. Spannung erwächst vor allem, indem er die Reflexion filmischer oder medialer Apparativität mit persönlichen Erfahrungen aus Begegnungen oder Ortsbezogenheiten kombiniert. Markantes Beispiel ist der 1970 erschienene Film *Zorns Lemma*.

Schriftlich rekurriert Frampton darin hintergründig auf die Ordnung des Alphabets. Zunächst bei dunkler Leinwand, wenn im Off eine Frauenstimme im Duktus des Schulunterrichts jene Verse des *Alphabet Poem* vorträgt, die englischen und amerikanischen Kindern im 18. und frühen 19. Jahrhundert helfen sollten, die Wortsprache zu lernen. Jeder der Verse hebt einen bestimmten Buchstaben hervor: der erste, „In Adam’s Fall we sinned all“ (Adams Sündenfall betrifft uns alle) das A; der nächste, „Thy life to mend, God’s Book attend“ (Dein Leben zu meistern, hilft das Buch Gottes) das B etc. Nach dem Vortrag des Gedichts folgen als Hauptkapitel von *Zorns Lemma* ca. 90 Sequenzen mit jeweils 24 alphabetisch geordneten Bildeinstellungen. Die Zahl von 24 ergibt sich aus dem Umstand, dass von den üblicherweise 26 Buchstaben das I und das J wie auch das U und das V zusammengefasst sind beziehungsweise eine gemeinsame Position ausmachen. Nach Ansicht des Filmkritikers Scott MacDonald verweist diese auf 24 Buchstaben verkürzte Ordnung auf die standardisierte Film-Transportgeschwindigkeit von 24 Bildern pro Sekunde, womit insofern eine erste Kopplung zweier unterschiedlicher materialer Ordnungen auszumachen wäre. Indes schließt *Zorns Lemma* weitere materiale Ordnungen daran an. Denn wo es zu Anfang noch die schlichten Buchstabenkörper A, B, C... sind, die in festen Einstellungen und leicht ruckhaft aufeinanderfolgend sichtbar werden, geht der Film bald dazu über, Wörter zu zeigen – Wörter, wie sie auf den Straßen Manhattans an Häusern, auf Reklameschildern, über Geschäften, in Schaufernstern zu finden und aus verschiedenen Perspektiven gefilmt sind – Wörter wechselnder Buchstabentypografien, in unterschiedlichen Farben und grafischen Ausführungen, jeweils etwa eine Sekunde lang; ihre Anfangsbuchstaben markieren jeweils erneut die Abfolge des Alphabets. Nach mehreren dieser Wortbild-Sequenzen verändert der Film erneut seine Systematik, wenn erst an einer und bald – in unregelmäßiger Reihenfolge – an immer mehr Positionen anstelle des hier zuvor gezeigten Buchstabens (z. B. für X) jeweils die Szene eines spezifischen Ereignisses oder einer spezifischen Handlung erscheint. An die Stelle von X tritt dann jedes Mal die Szene eines Feuers, an die Stelle von F ein Baum... bis schließlich in den letzten Sequenzen alle Buchstaben durch je spezifische, doch narrativ nicht verbundene Szenen ersetzt sind, sei es durch das Bewegtbild einer elementaren Naturerscheinung oder durch szenische Aktionen wie einen Reifenwechsel oder den Maleranstrich eines Zimmers.

Auch Frampton stellt somit, ähnlich wie Broodthaers, einer wortsprachlich, genauer gesagt alphabetisch strukturierten Lektüre den Modus des Beobachtens gegenüber. Betont ist die Reihenförmigkeit sowohl des schriftlich wie auch des visuell Dargestellten. Die BetrachterInnen / LeserInnen sind in ihrer Aktivität des Zählens und des Identifizierens gefordert. Die dabei kombinierten Tätigkeiten des Lesens, Abzählens, Beobachtens und Prüfens oder des Lesens, Zählens und Hörens oder des Beobachtens, Hörens und Suchens verweisen auf den Status gesellschaftlicher Subjekte, d. h. auf den Status von AkteurInnen, die sich durch die Fähigkeit einer mehrdimensionalen Wahrnehmung und Ausdrucksfähigkeit auszeichnen – mehrdimensional im Sinne des Räumlichen, des Zeitlichen wie auch des Sozialen. Diese mehrdimensionale Wahrnehmung – Erfahrung, Erinnerung und gegenseitiges Handeln – generiert Wissen, Wissen über die Welt sowie Wissen um ein Selbst in dieser Welt.

Das Sagen und das Sehen haben

Dabei streiten sich die Routiniers des Wortsprachlichen und jene des Visuell-Bildlichen um die Vorherrschaft der je von ihnen ausgeübten Praxis. Im Hinblick auf die Generierung von (analytischem) Wissen schreiben Theoretiker wie Michel Foucault oder Gilles Deleuze der Bestimmungs*kraft* des (Aus-)Sagbaren einen Primat gegenüber der Bestimm*barkeit* des Sichtbaren, des im Licht Erscheinenden zu. Deleuze teilt Foucaults Auffassung, nach der dem Sagbaren ein Modus der aktiven Bestimmung zufalle, hingegen demjenigen des Sichtbaren der Modus von Passivität.[4] Und obgleich solche schematische Rangfolge, wie sie auch mit Foucaults Titel *Les mots et les choses* zum Ausdruck kommt, laut Verfasser durchaus ironisch zu verstehen sei – wurde sie durch dessen Wunsch, die deutsche Übersetzung desselben Buches mit *Die Ordnung der Dinge* (anstatt mit „Die Wörter und die Dinge") zu betiteln, durchaus bestätigt –, bekräftigt diese Veränderung doch die von Foucault weiter ausgeführte Position, dass es die Wörter, genauer gesagt die im Diskurs sich aktualisierenden, ausdifferenzierenden und stets neu sich funktionalisierenden Aussagen sind, welche die (sichtbaren) Dinge ordnen[5].

Anders als für die Wissenschaft stehen für visuell arbeitende KünstlerInnen und FilmerInnen das Sichtbare und das Zeigbare im Zentrum ihrer Arbeit. Sowohl die Kunst- wie auch die Filmgeschichte handeln zum großen Teil von den sich wandelnden Strategien, die Erscheinungen äußerer Realität zu reflektieren. Angefangen vom mannigfaltigen Schaffensdrang, diesen Erscheinungen eine Form zu geben, über die Methoden, das Unsichtbare sichtbar zu machen, das Sichtbare zu bewahren sowie die Strukturen und Funktionen von Sichtbarkeit aufzuzeigen, bis hin zu solchen Strategien, das Visuelle zu anderen sinnlichen, z. B. sprachlichen, respektive lesbaren Formen in Beziehung zu setzen. Diese Strategienwechsel verleihen der asymmetrischen Gegenüberstellung von „aktiv" Sagbarem und „passiv" Sichtbarem stets neue Brisanz, nicht zuletzt im Hinblick auf die traditionell hierarchisch begriffene Aufteilung von aktiven KünstlerInnen, DirektorInnen, RegisseurInnen und AutorInnen einerseits und gegängelten ZuschauerInnen, LeserInnen und PartizipatorInnen andererseits oder, pointierter formuliert, zwischen denjenigen, die angeblich das Sagen haben und denen, die das (Nach-)Sehen haben.

Kopplungen des Sagens und Zeigens

Aufschlussreich ist diesbezüglich der 1970 erschienene Film *Remedial Reading Comprehension* von George Landow[6]. Darin leuchtet der im Kontext des damaligen Strukturellen Films agierende Künstler die Wahrnehmungsweise des Lesens hinsichtlich einiger besonderer Funktionen des Kinematografischen aus. Nicht nur gewinnt das Schriftliche bei Landow einen ironisch informatorischen und medienreflexiven Charakter, wenn wiederholt auf Selbstporträts des Regisseurs eingeblendete Schriftgrafiken den ZuschauerInnen erklären: „This is a film about you... not about its maker." Überdies spornt der Film die ZuschauerInnen zu einer beschleunigten Lektüre an, wenn mit einer stroboskopisch einmontierten Textabbildung deren einzelne Satzteile („relation of teacher", „to pupil is an emo", „an emotional one and", „one and most com-"...) wie in einem Lesefluss von links nach rechts sowie von oben nach unten in schneller Abfolge einzeln aus der Unschärfe in den Fokus rücken. Indem die solchermaßen technoide Performance eines Schnelllesetests mit jener ironisch aufklärerischen Medienreflexion, mit den Szenen eines aus der Leinwandperspektive gefilmten wartenden Publikums sowie mit dem Porträt einer schlafenden Frau verknüpft sind, liefert *Remedial Reading Comprehension* eine mehrschichtige, teils exzessive, teils laszive Parodie auf das Genre des Lehrfilms – eine Parodie, die jede funktionale Ordnung zwischen den Sinnlichkeiten des Sagens und des Sehens hintertreibt. Flüchtig und fragmentarisch aufscheinend tendieren nicht nur die einzelnen Wörter und Textteile an den Rand ihrer Lesbarkeit – gleichwohl ihre Bedeutungen zu erkennen gebend –, überdies vermag die Beschleunigung der von links nach rechts sowie von oben nach unten geführten Fokussierung den davon angeleiteten Leseblick zu dekonzentrieren, sei es im Sinne der Zerstreuung oder der Stockung, sei es, um vom Modus der Entzifferung in jenen der Assoziation überzugehen oder um von der verbalen Bedeutungsproduktion zur Betrachtung der filmischen Form zu wechseln.

Wo Landow einen solchen Wahrnehmungswechsel lose in das Flechtwerk von Lehrfilm-Parodie und Medienreflexion einbindet, verdichtet John Smith die Überantwortung zwischen verbalen Zeichenträgern und visuellen Oberflächen zu einer strengen Form. Dabei baut auch sein Film *Associations* (1975) auf einer Struktur des Didaktischen auf. Eine von Smith selbst vorgetragene Beschreibung des sogenannten „free association game" leitet den Film ein und bildet dessen kontinuierlichen Soundtrack. Erläutert wird jenes Spiel, bei dem die einzelnen Parteien zu den ihnen zugerufenen Stimulanz-Wörtern spontane Assoziationen zu bilden haben. Interessant wird Smiths Film, wenn nach einer kurzen Dunkelphase immer wieder vereinzelte Bildsequenzen aufleuchten. Dabei besteht für die BetrachterInnen der Reiz einerseits darin, die Regel für solche Einblendungen auszumachen – den Umstand nämlich, dass jedes einmontierte Bild, ob von Personen oder von Objekten, an eine Bezeichnung denken lässt, die dem gleichzeitig zu hörenden Vortragswort (oder einer seiner Silben) ähnlich klingt. Ein anderer Reiz besteht darin, die Art der jeweiligen Regelbefolgung auszumachen, d. h. die im Sinne des gezeigten Bildes mögliche Umdeutung des gleichzeitig zu hörenden Wort- oder Silbenlauts, also z. B. im Wort „category" angesichts einer gezeigten ‚Katze' das Wort „cat" herauszuhören oder im Wort „association" das Wort „Asian" angesichts des diesbezüglich gezeigten Porträts ‚dreier asiatischer Frauen'. *Associations* nutzt solchermaßen die synästhetische Spannung von sprachlich-phonetischer und gegenständlich-visueller Ausdrucksweise, um die Modi des Lesens und des Sehens eng miteinander zu verschränken. Es wäre verfehlt, das Visuell-Gegenständliche hier als Illustration des Gesagten zu begreifen. Wiederholt als Chiffren für spezifische Lautbilder eingesetzt, gewinnen die abgebildeten Gegenstände und Personen vielmehr den Status einer arbiträren Kodifizierung, wie sie sonst ausschließlich buchstäblichen oder lexikalischen Zeichen zukommt. Überdies bewahrt das Gezeigte fern aller inhaltlichen Analogie zu den gesprochenen Worten ein irreduzibles Potenzial an Assoziationsmöglichkeiten.

Wie Deleuze in Anlehnung an Foucault behauptet, kommt ein solcher irreduzibler Deutungsraum allein dem Sichtbaren zu, nicht aber dem Sagbaren. Wo dieses sich, wie oben angesprochen, darin auszeichnet, das Sichtbare bestimmen zu können, komme umgekehrt gerade Letzterem die Eigenschaft zu, grundsätzlich unbestimmt und darum immer wieder von Neuem bestimmbar zu bleiben. Mit Stephanie Barbers Re-Edit *Tatum's Ghost* (2011) einer Episode der

US-amerikanischen Krimiserie *Unsolved Mystery* lässt sich hingegen erörtern, inwieweit auch dem Sagbaren im Rahmen eines Films graduelle Unbestimmtheit zukommt. Auch Barber nutzt mit der für ihre Bearbeitung ausgewählten Krimi-Episode über ein gespenstersehendes Ehepaar die synästhetische Spannung von Sehen und Hören, allerdings jedes Mal in Verbindung mit wortsprachlicher Artikulation. Dafür collagierte die Künstlerin über die von ihr gekürzten Bildszenen Kommentare, die interaktive Online-ZuschauerInnen angesichts der Episode gepostet haben. Das so erzeugte Zusammenspiel von als Off-Ton gesprochener Erzählung und nachträglichen ZuschauerInnen-Kommentaren bilden einen dispersiven Bedeutungsraum. Gesprochenes und Geschriebenes laufen – parallel zum Szenenbild – heterogen nebeneinander. Vereinzelte Korrespondenzen zwischen den Wörtern (z. B. zwischen dem Namen des Filmprotagonisten Tate und des in den Kommentaren genannten Hundes Tatum), zwischen Sprecherpausen und Schriftabsätzen oder zwischen den jeweiligen erzählerischen Perspektiven berühren sich ebenso flüchtig wie die von der Krimifiktion an die BetrachterInnen adressierten Verdachtsmomente einerseits und die innerhalb der Netzcommunity geposteten ZuschauerInnenkommentare andererseits. Hinzu kommt, dass die nachträglich eingeblendeten Texte als dichte, großflächige Rolltitel zügig über die ihrerseits bewegten Szenenbilder laufen, was dem Geschriebenen Bildlichkeit verleiht und eine konzentrierte Entzifferung (parallel zum Gesprochenen) schwierig macht. Beide Ebenen lassen sich wechselseitig direkt voneinander affizieren wie auch jede Ebene für sich vom Kräftespiel der Inszenierung. Nicht nur das hiermit Gezeigte bietet sich für die verbale Interpretation an; ebenfalls konterkarieren die ins Bild gesetzten Schriften respektive das Voiceover des Films ihre jeweiligen Bestimmungskräfte zugunsten einer poetischen Indetermination.

So aktivieren RegisseurInnen oder KünstlerInnen das Kinematografische durch die vielseitige Miteinbeziehung des Buchstabens und des gesprochenen oder schriftlichen Wortes. Die zu diesem Zweck entwickelten Techniken und Dramaturgien geben eine Blaupause für die allgemeine Geschichte des Kinos ab: Vom Gebrauch der Vor- und Abspanntitel zur Ankündigung des Films als Einzelwerk oder zur Bekanntmachung von dessen Mitwirkenden, über den Einsatz von Schriftgrafiken zur ökonomischen Erzählung sowie von Tonfilm für lippensynchronen Dialog, bis hin zur dialektischen Wortintervention in die Kontinuität des Bewegtbildes. Andererseits hat solche kinematografische Ver/wendung zur Aktivierung des Wortsprachlichen seinerseits beigetragen, insofern sie die dem Wort vornehmlich zugestandene Funktion der Bestimmungskraft sichtlich gelockert hat. Indem das Wort im Film als ein Element neben anderen optischen, dynamischen, raum- oder zeitbasierten Ausdrucksmitteln auftritt und insofern sein Doppelcharakter – einerseits Schrift, andererseits Laut zu sein – pointiert zur Geltung zu kommen vermag, präpariert der Film das Sagbare im Hinblick auf seine Möglichkeiten, auch als Unbestimmtes, als Bild oder Ambivalenzraum zu funktionieren.

1 David Wark Griffith, „Commentary", in: Harry M. Geduld, *Focus on D. W. Griffith*, Englewood Cliffs NJ: Prentice-Hall, 1971, S. 65, Übersetzung durch den Autor.

2 Vgl. P. Adam Sitney, „Image and Title in Avant-Garde Cinema", in: *October*, 11, Cambridge, MA: MIT Press, 1979, S. 102, Übersetzung durch den Autor.

3 Vgl. Jean Epstein, „Pour une avant-garde nouvelle", in: *Écrits sur le cinéma*, Band 1, Paris: Seghers, 1974, S. 148, Übersetzung durch den Autor.

4 Gilles Deleuze, „Topologie: ‚Anders denken'", in: ders., *Foucault*, Frankfurt am Main: Suhrkamp, 1992, S. 69–172.

5 Vgl. Michel Foucault, *Archäologie des Wissens*, Frankfurt am Main: Suhrkamp, 1973, S. 128ff.

6 George Landow (1944–2011) benannte sich später in Owen Land um, vgl. vorliegende Publikation, S. 17.

Nach dem Kino ist vor dem Kino

„Neben dem Kino, das seine Karriere als alleinstehende Kunst fortsetzt, entfaltet sich ein zersplittertes und metaphorisiertes Kino, welches sich jenem Verwischen der Grenzen der Kunst widmet, das selbst zu einer Kunst wird.“[1] *Jacques Rancière*

Es ist eigenartig, wie Jacques Rancière in seinem zum Ausstellungsmotto erkorenen Satz eine Spaltung des Kinos in verschiedene Produktions-, Distributions-, aber auch Gedankensphären konstatiert, eine mindestens zweigleisige Entwicklung projiziert: So als hätte es einst eine eindeutige, allseitig gültige Praxis gegeben, die sich nun im Laufe der Entwicklung(en) und Zeit(en) – verliert oder ausdifferenziert? Das Kino war aber doch immer nie eines, sondern stets vieles gleichzeitig – manchmal am selben Ort zur selben Stunde und manchmal parallel an verschiedenen Flecken der Erde.

Schon Kinos Wurzeln reichen in äußerst verschiedene Nährböden – auf die Fotografie und das (populäre) Theater beziehungsweise Varieté zu verweisen, wie man das lange geflissentlich tat, reicht nicht. Überhaupt: Welche Fotografie genau? Wenig bekannt ist wahrscheinlich, dass zumindest zwei der an einer Bewegtbildaufnahme- und -vorführapparatur arbeitenden „Pioniere“: William Friese-Green und die Gebrüder Skladanowsky, diese als Weiterentwicklung der – seinerzeit in bürgerlichen Haushalten beliebten – stereoskopischen Fotografie begriffen (ersterer hatte zwischen 1890 und 1893 sogar schon einige, wenn auch bloß wenige Bildfelder lange stereoskopische Filme von einer erstaunlich plastischen Raumwirkung realisiert, allerdings dann Probleme, diese vorzuführen).

Wenn das Kino – fürs Erste – eine zweidimensionale Kunst wurde, dann lag das zu einem nicht unbeträchtlichen Teil daran, dass „das Laufbild drängte“ – der Film wollte geboren werden, das machten der Konkurrenzdruck und -kampf allen damit Befassten klar (man wusste umeinander). Wenn also die Lumières später behaupteten, das Kino sei für sie eine Erfindung ohne Zukunft gewesen, dann ist das eine Aussage, die etwas zu romantisch (miss)verstanden wurde. Für gewöhnlich tut man sie scherzhaft als eine Fehleinschätzung beziehungweise eine besonders spektakuläre Form von Bescheidenheit ab; worum es den Gebrüdern aus Lyon aber wahrscheinlich ging, ist die Einschätzung des Kinos als Novität: Saisonprodukt, das eben rasch auf den Markt muss, weil es sich nicht lange hält. Die serielle Bewegung von Fotografien, die Illusion eines wirklichkeitsgleich-animierten Ab-Bildes der Welt war neu und damit gut genug für den Markt; die Raumwirkung konnte warten und würde eines Tages als zusätzliche Attraktion, nächster Schritt, Steigerung der Wirklichkeitsnähe zur Geltung kommen – dachte man. Kunstformen der „realistischen Raumwiedergabe“ existierten zu dieser Zeit nämlich schon und erfreuten sich großer Beliebtheit: einerseits die Dioramen, andererseits die Panoramen, welche in den 1890er-Jahren regelrecht installative Dimensionen annehmen konnten. „Bewegtfotografien“ mit einer gewissen Laufzeit aber gab es nicht.

Panorama und Diorama wiederum deuten an, dass das Kino sich von Anfang an durchaus zu einer Kunst von eher installativem Charakter hätte entwickeln können. „Kreuzt“ man die stereoskopische Fotografie mit dem Diorama und fügt dem Ganzen das Moment der natürlich wirkenden Bewegung hinzu – gut, das sind jetzt wirklich wilde konzeptionelle Winkelzüge, Gesten durch den Geistesraum; dennoch –, dann hätte man so etwas wie eine Filminstallation im (Museums-)Raum. Es ist anzunehmen, daß man die Schleife (folgerichtig) mitgedacht hätte, und sei es auch nur, weil die runde, sich scheinbar unendlich wiederholende Bewegung dank mehrerer vorkinematografischer Apparate – wie etwa der Bildaufnahmeplatte bei Jules Janssens fotografischem Revolver und Étienne-Jules Mareys chronofotografischer Flinte oder den Drehtonnen und -scheiben des Phenakistiskop und des Daedalum beziehungsweise Zoetrop – implizit mit angelegt war. Wenn man durch *Wörter als Türen – in Sprache, Kunst, Film* schlenderte, dann war das auch so wie ein Flanieren durch ein Kino, an dem man lange Zeit kein Interesse zeigte. Inklusive der Vielfalt an inhaltlich-gestalterischen Ausdifferenzierungen, die das Kino zumindest in den ersten sechzig, siebzig Jahren seines Seins charakterisierte.

Sicher, zur Mitte der 1910er-Jahre begann ein Spaltungsprozess: Es gibt nun den Lang- und den Kurzfilm, wobei ersterer sich zur dominanten Form entwickelt. Und wen wundert's, ist er doch in Länge und Form dem bürgerlichen Theater, so wie „man“ sich den guten Kulturabend vorstellt, nachempfunden, unter weiters starker Bezugnahme auch auf den bürgerlichen Roman, der ja ebenfalls zu Länge und Breite neigt; was zwar erst in der Langmetrage seine Vollendung fand, aber schon früher bei den noch kurzen Formen begann: Suchte man da nach einem Datum, böte sich das Jahr 1908 an: Die Gründung der Société Cinématographique des Auteurs et Gens de Lettres, kurz: S.C.A.G.L., mit der sich das französische Kino die bürgerlichen Kreise erschließen wollte und auch tat, erst mit kurzen und halblangen, bald via Serie auch mit sehr langen Werken; wobei es sicherlich irgendwo auf der Erde schon früher ähnliche Ansinnen und Aufbrüche gab... Das Kino ist in Wirklichkeit nämlich vor allem

Ausnahme und Abweichung. Im Zentrum der Kinowahrnehmung steht seither der Langfilm, für gewöhnlich in seiner fiktionalen Spielart. In der Tradierung der Filmgeschichte wurde lange Zeit kaum bedacht: dass der Spielfilm über Dekaden allein ein Element innerhalb eines größeren Programmes war; dass diese Elemente die ganze Bandbreite dessen, was man so mit Film anstellen konnte, umfasste (von der Wochenschau bis zur Animation hatte da alles seinen Platz); dass diese verschiedenen Elemente zum Teil auch aufeinander abgestimmt waren; und dass diese mehrstündigen Kompositionen von Unterhaltung und Information in der Presse oft genug auch entsprechend besprochen wurden (zumindest gingen die RezensentInnen damals oft auf die Kurzfilme ein; es gibt genug Fälle, wo JournalistInnen mehr über das sogenannte Vorprogramm schrieben als über den sogenannten Hauptfilm). Bis in die 1980er-Jahre bekam man in der BRD beispielsweise selbst im kommerziellsten Vielsaalkino zwischen Werbung und Hauptfilm noch einen Steuervergünstigungen einbringenden Kurzfilm zu sehen. Das ist alles gar nicht so lange her – weniger als ein halbes Leben einer Durchschnittseuropäerin oder eines Durchschnittseuropäers, eine Erfahrung, an die man sich noch erinnern könnte, auch wenn das damals wahrscheinlich als lästig empfunden wurde, als ein retardierendes Moment, das die „eigentliche“ Sache herauszögerte. Doch so „eigentlich“ war das sehr, sehr lange nicht.

Wie tief diese Idee des Programms, der Vielgestaltigkeit im Kino steckte, zeigt sich symbolisch auch folgendermaßen: Von der italienischen Zirkusdynastie Togni sind Familienfilme überliefert. Die Tognis nun verbanden in ihrem Heimkino Szenen aus dem eigenen Alltag mit erworbenen Spiel- und Animationsfilmen z. B. von Charlie Chaplin oder Walt Disney, ganz physisch, durch Spleißen. Was man vielfach beim Durcharbeiten dieser Bestände zu sehen bekommt, sind also nicht einfach Privataufnahmen aus der Mitte des vergangenen Jahrhunderts, sondern die kompletten Programme.

Schaut man sich nun im frühen Kino diese Mixturen an, dann fällt auf, dass ein Programm für gewöhnlich von allem etwas enthielt: Dokument(ation) und Illusion, Aufregung und Gelächter, Sensation und Idylle – aber auch verschiedene Formen von Farbgestaltungen, Klangebenen sowie ein aus heutiger Sicht erstaunliches Nebeneinander von „Künstlichkeit“ und „Realität“: Wenn ein Polarforscher in einem offenbar im ewigen Eis aufgenommenen (nachträglich komplett hellblau eingefärbten) Bild zu sehen ist, nach einem Schnitt im Studio um einen Pappeisberg herum geht, dort vor sich einen (nachträglich mit einem bräunlichen Farbklecks versehenen) Eisbären sieht, und dann im nächsten Bild mit einem (wieder nachträglich mit einem bräunlichen Farbklecks versehenen) Eisbärenkostümtragenden ringt, dies alles möglicherweise untermalt von Violinen- und Klaviermusik sowie live kommentiert, dann empfand man das als in sich stimmig. Was aber nicht heißt, dass man nicht den Unterschied zwischen Wirklichkeit und Studio sah etc., sondern dass man diese ganzen Kontraste und Brüche zu einer sinnstiftenden Narration zu verbinden, zu übersetzen verstand. Den Filmen und Programmstrategien jener Ära nach kann das Publikum bei Weitem nicht so naiv gewesen sein, wie man es in zu vielen zu gängigen Filmgeschichten beschrei(b)t. Die Wirklichkeit in Form von ausgewiesen dokumentgleichen Aufnahmen wurde lange als ein Affekt wenn nicht gar bloßer Effekt begriffen, der die Wahrhaftigkeit des Kino-Bildes verstärken konnte – das Kino-Bild an sich aber, verstand man durchaus als etwas auch Abstraktes, Stilisiertes.

Sollte man die Formulierung „ausgewiesen dokumentgleichen Aufnahmen" befremdlich finden: Das Kino machte lange einen Unterschied zwischen Dokumenten und Dokumentationen; erstere galten als unmittelbare Abbilder der Wirklichkeit und hatten etwas von „Ausrissen" an sich, letztere waren schon in ihrer Anlage narrativ und konnten mit Spielszenen, Inszenierungen arbeiten, um einen gesellschaftlichen Vorgang, Zusammenhang – wozu Porträts genauso gehörten wie etwa Funktionsweisen sozialer Institutionen – anschaulich darzulegen. In der Wochenschau, der Domäne des Dokuments, ordnete erst die Schrifttafel, dann der Kommentar die Bilder, die man sah, Ereignissen, Nachrichten zu; im Dokumentarfilm, der ebenfalls lange durch Sprecherstimmen und -texte definiert war, wurde eine Geschichte aus, wie über die gesellschaftliche Realität erzählt. Das muss man sich heute vor Augen führen, da spätestens das Direct Cinema in den 1950er-, 1960er-Jahren so kodiert wurde, dass dieser Unterschied zwischen dem Bild eines Ereignisses und der Erzählung gesellschaftlicher Zusammenhänge verschwinden sollte; dass er das nie tat, ist eine andere Sache.

Die Schrift, das Wort hatte im Kino zunächst etwas rein Zuweisendes: Die Objekte brauchten einen Namen; den man von vielen ganz frühen Werken weiß, weil man sie aus diversen Quellen

(Produktionskatalogen, Zeitungsanzeigen etc.) rekonstruieren konnte, nicht, weil sie auf ihnen drauf stehen. Als das Wort dann aber mal beim Film war, gab es kein Halten mehr, salopp gesagt: Das Kino liebte bis sicherlich in die 1930er-Jahre sowohl die Schrift als auch das gesprochene – oder gesungene – Wort heiß und innig. Was auch nicht weiter überrascht, zum einen, weil Sprache z. B. schon bei den Panoramen wichtig war: oft stand da jemand und verkündete beziehungsweise erklärte, was man nun sah. Ganz einfach. Und genau dieses Element wurde ins Kino übernommen, wie oben schon kurz angedeutet: So entstand die Kultur des Filmerzählers, ein weltweites Phänomen, das sich in dem, was man heut' so westlichen Kulturkreis heißt, allerdings nicht dauerhaft durchsetzen konnte, anders etwa als in Japan oder Thailand.

Zwischentitel waren für den Film dieser Periode ein zentrales Gestaltungsmittel, und zwar nicht nur im Bezug darauf, was da in Sprachform vermittelt, also „gesagt", sondern auch, wie dieser Text grafisch aufbereitet wurde – Buchstaben wurden mit Bildern ausgeschmückt (unter anderem auch ironisch aufgeladen), frei flottierende Noten luden das Publikum zum Mitsingen ein etc. Im Gegensatz zum Filmerzähler sollen diese schön gestalteten Text-Bilder sehr beliebt gewesen sein. Wenn all das über die Dekaden beiseitegeschoben wurde zugunsten gewisser „Reinheitsideale": Fantasien vom Film als Film, dann erzählt das viel über das 20. Jahrhundert und wenig über das Kino.

Schade, dass bislang noch niemand auf die Idee kam, eine stereoskopische Version, natürlich auf 16mm, von Marcel Broodthaers' *Une Seconde d'Eternité (D'après une idée de Charles Baudelaire)* (1970) zu realisieren! Alle auch in Museen und Galerien beschäftigte ProjektionistInnen dieser Erde würden in den Wahnsinn getrieben von den Bedürfnissen dieses Werkes, aber das wär's wert, schon allein weil's *Wörter als Türen – in Sprache, Kunst, Film* so vollkommen verdichtete. Zurück zu den verworfenen 3D-Bewegtbild-Panorama-Anfängen mit dem geballten Wissens- wie Erfahrungsschatz von ± 120 Jahren Lichtspieltheater! White Cube und Black Box leben in-, und dabei nebeneinander, so wie das Bild vom Nordpol und das Eisfeld im Filmstudio! Schrift-Bild-Bewegung, lebendige sich selbst auslöschende Signatur! Und das stereoskopisch! Umso besser sähe man dann ja die Flachheit der Schrift – und auch der Geste? Angelegt ist das eh schon in der existierenden Version, dem schelmischen Broodthaers entspräch's – und damit im Gegenzug auch den Raum in seiner ganzen illusorischen Pracht. Warum nicht mal ganz kurz sich in so einen Rausch reinschreiben, wenn's das Objekt: die Ausstellung hergibt?

Aber geben wir uns für den Augenblick mit *Une Seconde d'Eternité (D'après une idée de Charles Baudelaire)* so wie er ist zufrieden, das *Wörter als Türen – in Sprache, Kunst, Film*-Manifestwerk darf er trotzdem bleiben. Und das stets ausgeschrieben, wobei er in dieser sprachverliebten Schar von Kunstwerken nicht das Exponat mit dem längsten Titel war. Diese Ehre gebührt Jennifer Wests *Spiral of Time Documentary Film (16mm negative strobe-light double and triple exposed - painted with brine shrimp - dripped, splattered and sprayed with salted liquids: balsamic and red wine vinegar, lemon and lime juice, temporary flourescent hair dyes - photos from friends Mark Titchner, Karen Russo, Aaron Moulton and Ignacio Uriarte and some google maps-texts by Jwest and Chris Markers' Sans Soleil script- shot by Peter West, strobed by Jwest, hands by Ariel West, telecine by Tom Sartori)* (2013), der aller Brillanz wie Evidenz zum Trotz hier nicht weiter betrachtet werden soll, da weitere Nennungen den vorhandenen Restraum des Texts fräßen. Ohne den Titel aber wäre das Werk unvollständig: hier wird transparent gemacht, aufgeschlüsselt, was man sieht, und mit welchen Mitteln, weiters auf welchen Wegen es geschaffen wurde – was sich aus dem Bild wie dem Ton nicht so ohne Weiteres entnehmen ließe. Schön ist, wie auf diese Weise auch die Stab- und DarstellerInnenliste ihre Ehrenrettung erfährt, was gerade in heutigen Zeiten, wo die Schlusstitel schon einer mittelgroßen Hollywood-Produktion bis zu zehn Minuten Laufzeit einnehmen, alldieweil am Anfang oft genug noch nicht einmal mehr der Filmtitel selbst genannt wird. *Spiral of Time Documentary Film (16mm negative strobe-light double and triple exposed - painted with brine shrimp - dripped, splattered and sprayed with salted liquids: balsamic and red wine vinegar, lemon and lime juice, temporary flourescent hair dyes - photos from friends Mark Titchner, Karen Russo, Aaron Moulton and Ignacio Uriarte and some google maps- texts by Jwest and Chris Markers' Sans Soleil script- shot by Peter West, strobed by Jwest, hands by Ariel West, telecine by Tom Sartori)* ist alles in einem.

Die Entschlüsselbarkeit der Bilder, deren Übersetzbarkeit ins Buchstäbliche, also die Zuordnung der Bilder steht im Zentrum mehrerer weiterer Arbeiten, darunter Iimura Takahikos *White Calligraphy, Re-Read* (1967/2010), Pierre Bismuths *The Party* (1997) und Martin Ebners *Film ohne Film (nach: Mirror Animations von Harry Smith, 16mm Film, 1957/79, Shift von Ernie Gehr, 16mm Film, 1972/74, Sailboat von Joyce Wieland, 16mm Film, 1968)* (2013), aufgezählt in der Reihenfolge ihres Sich-Entfernens vom Film selbst, dessen Bildern wie Klängen. Iimura kratzte für *White Calligraphy* den Anfang des *Kojiki* – die erste schriftliche japanische Quelle – kanji für kanji – Schriftzeichen für Schriftzeichen – in Kader für Kader, als sei der Film ein Blatt Schreibpapier (wo hier Linien sind, sind da Kästchen). Wird der Film projiziert, haben selbst Japaner Schwierigkeiten, dem Text zu folgen, bleibt man aber bei dem Werk und lässt alle Lesehoffnungen fahren, werden die kanji (wieder) als Bilder erfahrbar – und mit einem Mal wird *White Calligraphy* zu einer Art Animation (interessanterweise entstand Iimuras Werk im selben Jahr wie Ōshima Nagisas *Ninja bugei-chō*, der den gleichnamigen Manga durch das Abfilmen seiner Seiten selbst realisierte; für die Dynamik sorgten Schwenks und Zooms und viele Schnitte sowie eine vielschichtige Tonebene mit SprecherInnen, Musik und eigens gemachten Geräuschen). Für die im Rahmen der Ausstellung gezeigte Ton-Version *White Calligraphy, Re-Read* las Iimura ab und an ein kanji wie eine Art Interpunktion, die nichts mit dem eigentlich Textfluss zu tun hat, allein einen weiteren Rhythmus schafft für den Film und dessen Wahrnehmung; wobei dadurch wiederum eine Erfahrungsform des Films zerstört wurde: *White Calligraphy* ließe sich natürlich auch langsamer vorführen, sodass die kanji lesbar würden (wenn man das denn kann), der Film damit zum Informationsträger, Medium eines damals schon fast tausend Jahre alten Textes würde – bei *White Calligraphy, Re-Read* bedingte das Verzerrungen beziehungsweise Verluste.

Die Lesbarkeit, und damit die Frage: Was übersetzt respektive erläutert was? ist eine der jeweiligen Fassung wie des Umgangs damit. Bei der Zweikanal-Videoinstallation *The Party* dann geht es um die Lesbarkeit der Welt: Wie beschreibt sich ein Film, den man nicht als Ganzes wahrnimmt? Auf der einen Seite läuft mit entferntem Ton Blake Edwards 1968 entstandenes Meisterwerk, dem Bismuths Arbeit ihren Titel verdankt, auf der anderen die Aufzeichnungen eines Stenografen, der versuchte, aus der Komödie schlau zu werden. Dem Text nach muss er sich dabei ähnlich gefühlt haben wie der wohlmeinend-schrullige Filmarbeiter Hrundi V. Bakshee während besagter Festivität, auf der er eigentlich nichts verloren hat, da er dieser Gesellschaft nicht angehört und offensichtlich deren Codes nicht kennt und auch nur bedingt zu lesen versteht. Was ihn (nebenher) zu einer faszinierenden Reflexion über eine altehrwürdige Cinephilenpraxis macht: Die Betrachtung von Filmen in Sprachen, die man nicht versteht, ohne Zuhilfenahme irgendeiner Übersetzungshilfe (Untertitel, Simultandolmetscher etc.).

In Wirklichkeit ist ein nicht unbeträchtlicher Teil der Filmgeschichtsschreibung als Wahrnehmung, Interpretation der Werke ähnlich ernst zu nehmen wie der Text des Stenografen – nämlich als ein Sich-Hangeln durch Erkennbares, Ringen mit Analogien. Sicherlich hat diese Praxis gerade in stark vom Wort geprägten Kulturen viel für sich, werden so doch oft Qualitäten sichtbar, die ansonsten möglicherweise zugetextet würden; die Verluste, andererseits, können beträchtlich sein. *Film ohne Film (nach: Mirror Animations von Harry Smith, 16mm Film, 1957/79, Shift von Ernie Gehr, 16mm Film, 1972/74, Sailboat von Joyce Wieland, 16mm Film, 1968)* schließlich wird, wenn man diesem Gedankengang weiter folgt, zur Übersetzung einer akademischen Praxis in Kunstwerksparameter. Verschiedene FilmtheoretikerInnen und -historikerInnen kamen auf verwandte Ideen, wie sich das Kino in absolute Zahlen übersetzen ließe – da werden dann z. B. Schnitte gezählt oder die Verhältnisse verschiedener Einstellungsgrößen zueinander betrachtet etc. Gemein ist ihnen allen, dass sie letztlich gewissen Mechaniken und Mustern nachspüren. Ebner macht hier letztlich dasselbe: Er übersetzt Strukturelemente struktureller Filme in eine skulpturale Gestalt – aus der Bewegung in der Zeit wird eine kontemplierbare Gegenwart im Raum.

1 Jacques Rancière, *Und das Kino geht weiter. Schriften zum Film*, Berlin: August Verlag, 2012, S. 91.

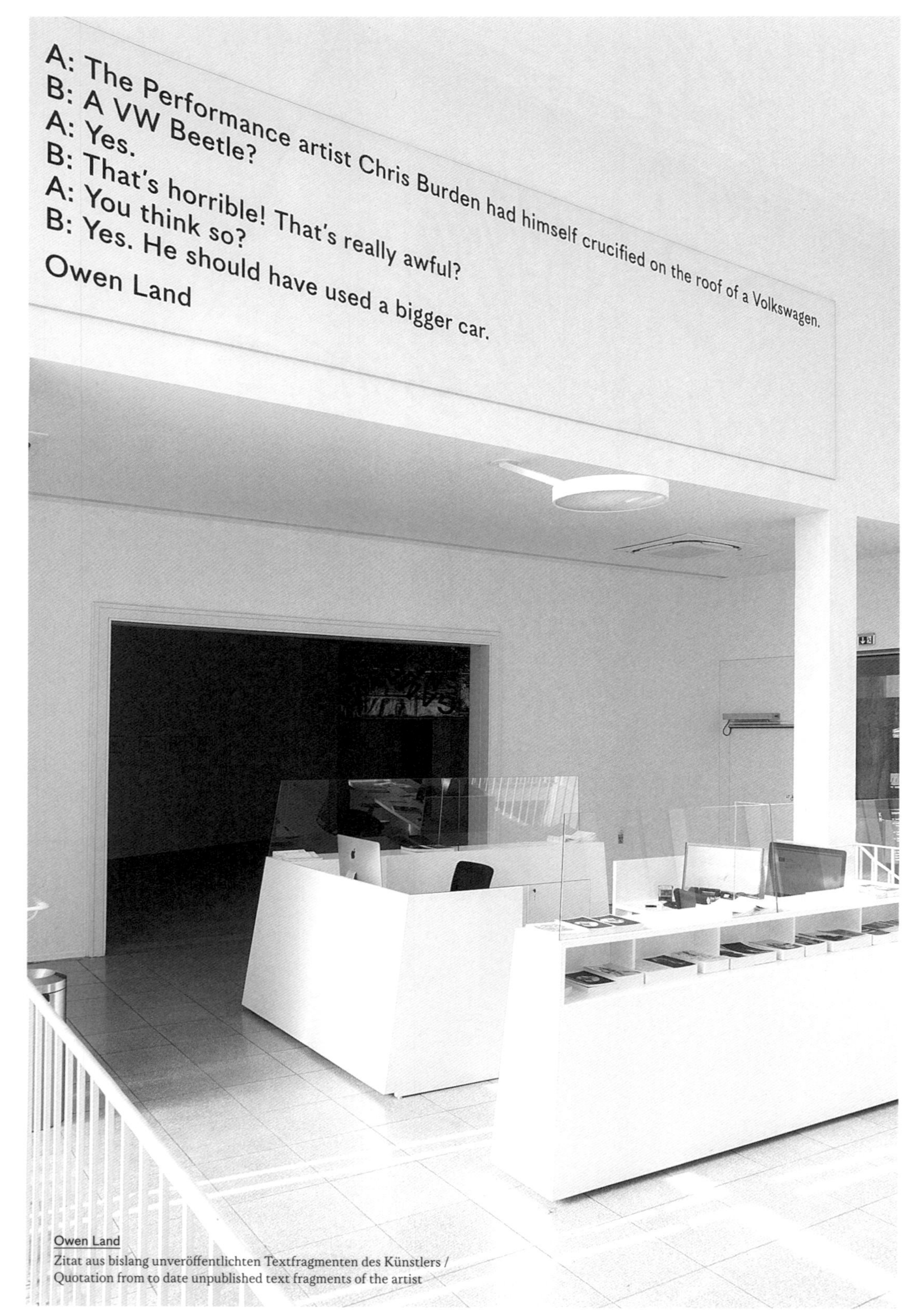

Owen Land

Zitat aus bislang unveröffentlichten Textfragmenten des Künstlers / Quotation from to date unpublished text fragments of the artist

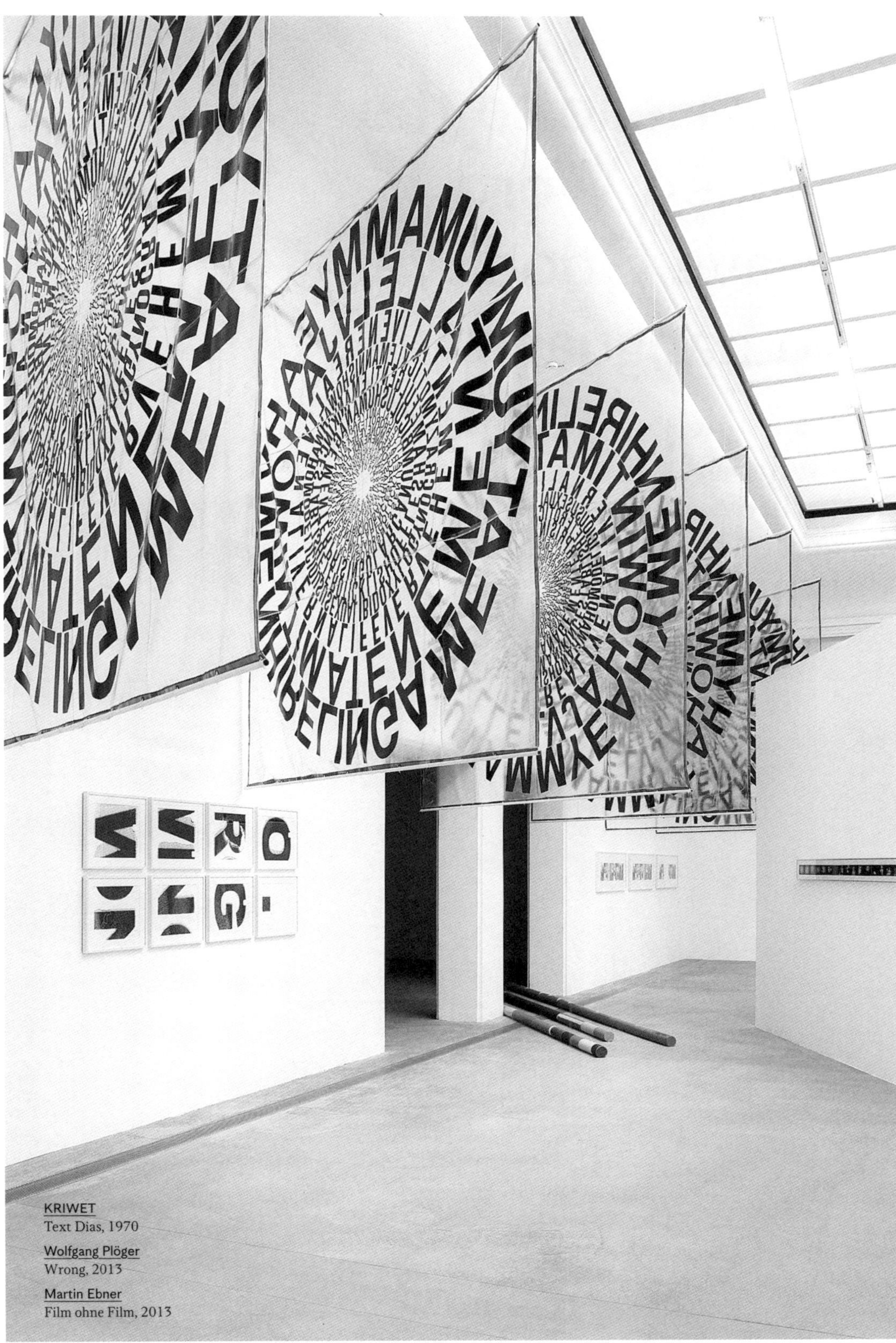

KRIWET
Text Dias, 1970

Wolfgang Plöger
Wrong, 2013

Martin Ebner
Film ohne Film, 2013

Say Hello to the Filmed Word, Wave Goodbye to Language

"What the word expresses is also the invisible, that sees seeing only as visionary, and what seeing sees, is the unutterable, that the word expresses."[1] *Gilles Deleuze*

The international group exhibition *Words as Doors – in Language, Art, Film* at Künstlerhaus, Halle für Kunst & Medien, was dedicated to the mutually permeating relationship of the written word with art and film. During preparations for the exhibition, I noticed that many greats of author-cinema have described the act of writing a screenplay as being on an equal footing with the filming process: "When you write a screenplay, you have virtually directed it by the time you have finished writing" (Joseph L. Mankiewicz) or "If it can be thought or written, it can be filmed" (Stanley Kubrick). I also increasingly looked for form-related plays on text and lettering in films, such as in the formative opening credits to Jean-Luc Godard's *Pierrot le fou* (Pierrot the Madman, 1965), where several As appear in a scattered way, followed by Bs, Cs, Ds, et cetera, until finally arriving at the whole text of the opening credits. Or, to use another example by Godard, the shared flat with a strong prevalence of walls and panels covered in lettering in *La Chinoise* (The Chinese, 1967) as an analogy to the space-giving screen of film, thus, for its part, meant to become a place of discourse. *The Lickerish Quartet* (1970) by Radley Metzger has remained alive in my memory. Here, a couple in love enact precisely those caresses that the actors Silvana Venturelli and Frank Wolff were playing out together based on the respective dictionary descriptions, the resulting automatisms suggestive of narrative fulfilment. Moreover, I favoured the idea of conceptually building an exhibition around just such moments of perceptual reflection: especially with an awareness of the intense differences in the spatial approximations of art and film that the film critic Iris Barry once cited in her assessment of film's position in relation to the other arts: "the slightly ambivalent position of an adopted child who is never seen in the company of the family."

Such reciprocally repelling movements, which are then drawn back together again, such multifarious and interactive processes of exchange often provide rich and productive potential—for example, Ben Vautier's "Mes dix films", Félix Guattari's "Project for a Film by Kafka", or Marguerite Duras's *Le Camion* (The Lorry, 1977)—, yet they just as frequently harbour an explosive nature in their discourse. Many film and art theorists quite consistently continue to separate this discourse, but it applies to common perspectives as well: both in a positive sense, when it comes to the newly arising and sustained interest in dated techniques of film projection and development, and in a negative sense, which is represented by the increasing aestheticising homogenisation due to the HD format. Also, simmering beneath the accelerated, inflationary conditions in the current dissemination and digital mixing, production, and consumption of films on gadgets and websites designed for playback that have lately become so multitudinous (which, in turn, of course harbours manifold potential for artistic treatment: see, for example, http://kerencytter.com), is a potent impasse of "White Cube versus Black Box". The exhibition *Words as Doors – in Language, Art, Film* attempted to carefully elude this dichotomy by taking a large step towards conceptual abstraction by way of filmic interrelationships with the written word. Many of the works shown in the exhibition drew on the fictionalisation potential of written language or the citation reservoir of popular film rhetoric, and were not only viewable but also, and most importantly, readable. For instance, the exhibition contributions of 2007 by the artist collective Bernadette Corporation was made up of so-called Index Cards— fig. pp. 90–91 once used by screenplay authors when developing a script—which immediately evoked possible narratives within the beholder, and had also been published in book form as *Eine Pinot Grigio, Bitte* (A Pinot Grigio, Please; Berlin: Sternberg Press, 2007).

The exhibition rooms at the Künstlerhaus, Halle für Kunst & Medien, were conceived in the exhibition context as an open, transparent, and especially, empty (dual) projection surface for illuminating the material and cultural aspects related to the artistic production of moving images, or to how they were created to begin with, and perceived as fragments of an "exploded and metaphorized cinema", to cite the words of Jacques Rancière [2]. Even the large-format *Text Dias* (Text Slides, 1970) by KRIWET fig. pp. 39, 78–81 hanging up high in the room, as a helically printed exception, supported this idea.

Navigating through key artistic positions related to the exhibition theme and offering a contrasting complement thereto in the form of ambiguous cineastic homages, many of the works shown in the exhibition alluded to absent films, interacting through free association as ideas, possibilities, and experiences. This did not preclude the loose return to a question that may seem neuralgic in this context and, in a variation on a film title by the Letterist Maurice Lemaître, *Le film est déjà commencé?* (Has the Film Already

Started?, 1951), alludes to the related question: How and at what point does a film begin to be conceived through the written word? Where do the boundaries between the filmic/non-filmic lie? When is the correct point for distinguishing between literature, the visual arts, and film?

Share-e-Nau Wanderings (A Film Treatment) (2006) by Mario Garcia Torres traced the beginnings of the artist's exploration of the work of the Italian artist Alighiero Boetti. In 1971, Boetti visited Kabul and acquired property for an hotel, which became known as the "One Hotel". He lived there himself and ran the place until 1977. In 2001, Garcia Torres embarked on a fictive trip to Kabul in order to locate the One Hotel where Boetti once lived. *Share-e-Nau Wanderings (A Film Treatment)* revolved around this mental journey and consisted of facsimiles addressed to the deceased artist. Although the first efforts to localise the hotel were fictional, in 2010, the artist travelled to Kabul, in order to process his concrete experiences in the artwork *Tea, 1391 (Iranian calendar),* which he then presented in the scope of dOCUMENTA (13). fig. pp. 96–99

This exhibition context becomes more complex on a linguistic level when a language, originally created only for the film *La guerre du feu* (Quest for Fire, 1981) by the French director Jean-Jacques Annaud—an utterly incomprehensible language, at that—serves to facilitate artistic investigation and work, as in the exhibition contribution by Christian Mayer. The artist's point of departure was his interest in the language "Ulam", named and developed by the author Anthony Burgess on behalf of Annaud in 1980 for *La guerre du feu*. This was a language that was meant to sound like that of stone-age people approx. 80,000 years ago. The entire film was shot in the "Ulam" language without subtitles, which did not actually affect the comprehensibility of the film itself. Mayer's more recent video material, with performers studying language acquisition encountered historical photographs created before filming started, shows the actors practicing the language and their facial expressions. So with this temporal difference of almost thirty-five years, something similar was attempted and juxtaposed, but under completely different circumstances. Moreover, playing on the audio track were excerpts from an interview with one of the actors who had featured in the film *La guerre du feu*. Bibi Caspari reminisced about the first time she heard the language during filming, how she felt about it, and which fig. pp. 84–85 remnants of the acquired language she can still recall today. The fact that the viewers' fantasy of such a language was ultimately strongly oriented to the filmic result turned out to be another interesting aspect of this piece, which is described as follows by the film theorist Christian Metz in his semiotic approach:

> [F]or language to *code* significations, the very fact of signification must exist; that it can say things that signify something to the mind, or that it is a distinctive attribute of the mind to grasp significations amounts to the same thing, for it is one of the aspects of the perpetual reversibility of the phenomenological "there is". ... It is because we soak in a world where everything is *naturally* signifying (expression) that language, by way of codification and *de-naturalization*, both ulterior and secondary to this fundamental expressivity, to this primary signification has been able to form itself. ... In short, there are two things: on the one hand, there is the moment of arbitrary codification, the moment that truthfully *establishes* language—and, on the other hand, there is what lies underneath this moment. What words signify is "natural". ... In the world things have meaning. On that ground man creates words, i.e., artificial things. The word is an object, a tool, a fabricated object. We fabricate it arbitrarily. But once fabricated it becomes a thing in the world, like other things in the world. ... And like all things in the world the word takes on a natural meaning, which, in a way, is a sort of naturalization after the fact—through habit—of its artificial meaning.[3]

The speech exercises carried out by the (amateur) actors in Maria Meinild's *Curtain* (2012) were full of repetition and variation. But compared to *ULAM* (2013), here we have comprehensible segments of text which the actors elucidated in their continual (re-) performance in a quest for the affirmative aspects of their gestures so as to solidify their filmic identity. Each of them individually aroused associations to arrive at an agent "working with and within language in order to make something that cannot be precisely pre-conceived, that must remain problematical and in a sense unfinished, interminable."[4] These acts of self-correction eluded possible narrative inferences and referenced language as precisely such an artificially constructed product. A broad range of film and theatre references formed the backdrop, whilst the work engaged in a dialogue with its

fig. inner cover, pp. 104–105

own conditions while simultaneously researching the relations that were produced inside and outside this controlled filmic framework.

The artist Martin Ebner, in his piece *Film ohne Film* (Film without Film, 2013), showed fascination with film and how it developed from a celluloid-based form to a digital unit of information, and how the memory-eliciting viewing of film might be translated into sculptural form. The eponymous series of painted, chain-shaped objects made of wood and plastic of varying length and thickness attained their structure and colour patterning from the patterns and scene successions of individual experimental 16mm films from the 1960s and 1970s: *Mirror Animations* by Harry Smith (1957/1979), an interpretation of Buddhism and Kabbalah using collaging techniques; the New York road traffic / aerial view montage *Shift* (1972–1974) by Ernie Gehr; or the complex investigation of time and space *Sailboat* (1968) by Joyce Wieland. They compared representatives of the actual films, and recognition occurred. One could watch and compare them as objects of interpretation, trying to imagine what preceded them at which point in time. The way in which perceptual strands between film viewers and art viewers run in general is another key issue explored by *Words as Doors – in Language, Art, Film*, along with the differences between the filmic language of the images and the pictorial language of the words, between the silence reigning while an image is being viewed and that of the moment where the principle meaning melts away among the words, with film lending itself to definition as "film without film" or even "film without image".[5]

fig. pp. 39, 73, 76, 81

Most of the works brought together in this exhibition context also fostered, besides a fictional life of their own, activating references that are reproduced again and again thanks to the (always in cinema) welcomed (collaborative) participation of the exhibition visitors. In Michael Baers's *Wavelenght* (2006/2014) for example—a graphic re-enactment of Michael Snow's groundbreaking film *Wavelength* (1967)—there were variations, arising from free access to the stacked comic booklets, of the fluctuating availability of the 1,000 copies, which in turn simulated the wavelike movement that lent the work its name. Mistakes in the film, which gave an animated feel to Michael Snow's *Wavelength*—a forty-five minute zoom through an empty loft appartment—here encountered an error in the printed version of a used catalogue template, which inspired the incorrect spelling of the installation name: *Wavelenght*.

fig. pp. 116–117, 128

The falsehood—simply deviating from the truth and unceremoniously borrowed from advertising—from the short experimental film *Remedial Reading Comprehension* (1970) by Owen Land[6], a representative of structural film and creator of sophisticated plays on words, who passed away in 2011, is meant to be representative of the exhibition as a whole: "This is a film about you . . . not its maker." In *Remedial Reading Comprehension*, the artist masterfully and humorously combined—in the form of an educational film—found footage, in colour and partially overexposed, along with rice adverts and text passages about how to speed read. By contrast, Marcel Broodthaers described his films as "reading exercises" and he commented on his work shown in our exhibition, *Une Seconde d'Eternité (D'après une idée de Charles Baudelaire)* (A Second of Eternity [After an Idea by Charles Baudelaire], 1970), as follows: "This lettering, which lasts only a second, is simultaneously a film with an invented plot."[7] *Une Seconde d'Eternité* was composed of precisely those twenty-four pictures that make up one second of film, so that the initials "M.B." constructed from numerous lines in twenty-four single frames were perceptible during the film screening loop more as a stationary image than as a moving one. An utterly different gap in authorship was described by the artist Rosa Barba's *The Personal Experience Behind Its Description* (2009), where we encounter a curtain made of white felt that has been fashioned using laser technology revealing a text involving light, shadow, and reflections. The text emerge on the back of the curtain through a simple light projection as negative space from the cut-outs, thus heaving the flat plane of the text into a spatial state of three-dimensionality. For the filmic work *By any means necessary* (2013), Wolfgang Plöger took recourse from the "last statements" of a prisoner who had been sentenced to death in the United States, by printing the words in full length on filmstrips using the silk-screen technique. The result was visible as a readable text in clattering, meandering loops gliding through the exhibition space and past the projector; however, in the projection on the wall itself, abstract and resembling hieroglyphics, the text eluded clear readability.

fig. pp. 38, 123
fig. pp. 101–102
fig. p. 108
fig. pp. 39, 74, 80

The exhibition contribution *Tatum's Ghost* (2011) by Stephanie Barber, originated as part of the series "Jhana and the Rats of James Olds or 31 days / 31 videos", for which the artist produced one video a day while being observed by museum visitors during her

fig. p. 124

residency at the Baltimore Museum of Art. In *Tatum's Ghost* she processed an episode from the American crime series *Unsolved Mysteries*, superimposing the series material with found and invented YouTube commentaries. By purposefully overstraining the eye, the artist highlighted the uncanny traces of the two layers' reciprocal impact on each other, thus short-circuiting televisionary spheres of activity with purportedly media-democratic, endless Internet commenting functions.

Similar desires to explore the perceptual systems involved in the influence of cinema and the origination processes of meaning were shared in the works by Pierre Bismuth and David Lamelas. fig. pp. 106–107 fig. pp. 79, 87–89 In Bismuth's eponymous piece from the year 1997, referencing the film classic *The Party* (1968) by Blake Edwards, image and text were shown in parallel. The original movie was presented without sound, whilst the projected text which juxtaposed rather than subtitled the image simultaneously unfolded. The text was composed by a stenographer who was asked to describe scenic and atmospheric impressions received via headphones, while simultaneously trying to explain them and also transcribe the dialogues as well as possible. With this clear separation between the acts of seeing and hearing, as well as the reconfiguration of the same, Bismuth disrupted the usual focus of attention in terms of observation, allowing the text to emerge as the main attraction and the images to be reduced to a simple confirmation or requirement of the text. David Lamela's *Conflict of Meaning (Film Script)* (1972), in turn, was a multimedia installation that combined or juxtaposed photography and film projection, showing, especially in the resulting disruptions, their respective forms of meaning production and their codes in a more illustrative way.

However, in general, the separation between fiction and reality was much easier to convey in the past when compared to today, as evidenced by Frances Stark's work *My Best Thing* (2011) fig. pp. 112–113 shown in the exhibition. In her first video animation, the artist afforded insight into her life and her artistic activities by transcribing autobiographically coloured dialogues of an online relationship. Manifesting in the video were two naked online avatars—a man and a woman—as Playmobil-like characters who actually wear leaves as a matter of decency. The video shows traces of their relationship evolving as a series of discussions that are based on a continual propensity for chat-room flirtation. The work of art took a very humorous and touching approach to reflecting on our shifting world as a place where technically based relationships inspire new forms of mutual interaction and conduct. This is a topos which was later adopted in the scope of the succesful Hollywood production *Her* (2013) by Spike Jonze. An equally experienced Hollywood player, John Waters, who in recent years has been working primarily as fig. p. 83 writer, visual artist, and touring spoken-word artist, not least after encountering the economic changes in production processes within the film industry, was represented at Künstlerhaus, Halle für Kunst & Medien, by the work *Slade 16* (1992). His works usually deals with provocative topics and motifs such as race, sex, gender, consumerism, or religion. *Slade 16* is one of his "little movies", as he likes to call this special form of narrative sequences, where he recombines his own film stills with those appropriated from elsewhere. In *Monkeys and Tigers* (2009/2014) by Sonia Leimer, the artist exhibited fig. pp. 129–130 the original James Cole shirt from the film *12 Monkeys* (1995, Terry Gilliam) inspired by Chris Marker's *La Jetée* (The Jetty, 1962). It was the shirt that Bruce Willis wore in the role of James Cole during a flashback scene, which has since been sold to the Italian art collector Antonio Dalle Nogare. Here, the artist sets out to spotlight the act of transfer in the world of art collection, but also the fame and fetish status of this particular shirt; presented on the shirt itself were the names of the changing owner, listed in chronological order: James Cole / Antonio Dalle Nogare / Bruce Willis. Here, once again, the planes of fiction and reality intermingle: Cole, the fictitious character, Willis as the enactor of this role, and Antonio Dalle Nogare as collector interested in this story and now the legal owner of the shirt—and, moreover, the real trigger for our memory of the fictive film and the tiger shirt within the film.

Another artwork with strong reference to Chris Marker is Jennifer West's *Spiral of Time Documentary Film (16mm negative* fig. cover, fig. p. 117 *strobe-light double and triple exposed - painted with brine shrimp - dripped, splattered and sprayed with salted liquids: balsamic and red wine vinegar, lemon and lime juice, temporary flourescent hair dyes - photos from friends Mark Titchner, Karen Russo, Aaron Moulton and Ignacio Uriarte and some google maps- texts by Jwest and Chris Markers' Sans Soleil script -shot by Peter West, strobed by Jwest, hands by Ariel West, telecine by Tom Sartori)* (2013). The title already provides extremely detailed information about the work's inception and the materials used in the digital film, which, however, was created directly on the celluloid film through manual manipulation. For the elaborate celluloid manipulations bordering on performance, the artist worked with 16mm, 35mm, and 70mm film which she has been using for over ten years in the creation of more than eighty films. In the case of our exhibition, a 16mm negative was double and triple exposed stroboscopically and alienated through its actual purpose. For instance, the different liquids mentioned in the title, such as perfume, Jack Daniel's whiskey, or pepper spray, were sprayed and painted, run over with a skateboard, or hauled through tar pits. Furthermore, she used photographs from fellow artists, text snippets from Google Maps, and also passages from the screenplay for *Sans Soleil* (Sunless) by the French film essayist, author, photographer, and artist Chris Marker.

Javier Téllez's *Screenwriters* (2009) originates from a series of works by the artist that can be subsumed under "cinema without film" as "film without film" and "film without image". The silent work is associated with a fundamental questioning of reality and filmic categories, and it was reduced to just a few elements, such as a projector, statues of screenplay authors, and the shadows of these figures cast onto the wall. Here, it was unclear as to what actually composed the artwork: Was it the picture on the wall, the shadow-casting statues, or really the projector and its light source? So in the case of the work shown, the categories of image, film, and sculpture became blurred. They harboured analogies about the range of impact effectuated by screenplay authors, and also about the possible consequences if a strike were held, like the last one in 2010, where their role within a rapidly shifting industry was challenged. The fact that cinematic history itself is in a state of flux and does not remain cemented for ever as a unique, sublime canon is impressively confirmed by Matthias Meyer's fragile *The Other Side of the Wind* (2012). The individual letters from the title of Orson Welles's last "film in film" project of the same name—shrouded in myth and never finished—were arranged throughout the exhibition space as mobiles. They were subject to the air streams caused by the movement of the viewers from one exhibition room to the next, tellingly putting the letters into motion. On 6 May 2015, the 100th birthday of the master director, the film and its amazing fate should have entered a new

fig. pp. 128, 132

fig. p. 111

chapter with the screen version now revised and brought to completion by Peter Bogdanovich, but has not to date been realised.

Renée Green's *Partially Buried* (1997) was an artist's contribution conceptualised for the 80th issue of the American art journal *October*, presenting views of the video portion of the first instalment of a three-part installation cycle called "Partially Buried in Three Parts". Developed from 1996 to 1999, the artist, for instance, gave personal details about the work's inception, and also described its connection to Robert Smithson's *Partially Buried Woodshed*. In the context of the exhibition *Words as Doors – in Language, Art, Film*, Green's *Partially Buried* was displayed in a vitrine that one had to walk along in order to perceive the material. Moreover, in this series of installations, the artist addressed questions in relation to genealogical artefacts, spaces of memory, and site-specific works, the melding of national identities and cultural preferences, entropy, memory and its inconsistencies, memorials and monuments, nostalgia, and also "radical" social changes that often emerge only as formalistic repetitions of style. fig. pp. 114–115

In John Smith's *Associations* (1975), photographs and colour supplements in magazines accompanied a recited text from *Word Associations and Linguistic Theory* by the linguist Herbert H. Clark. *Associations* moreover countered the overly simplifying transference in film semiotics, which transfers to film exclusively linguistic models and conceives of film per se as "language" or "text". By appropriating the ambivalence and ambiguity of the English language, it turns against itself, with image and word working both together and against each other in the creation or even the destruction of meaning. Here, beholders who are conscious of this attention become beholders who consciously mistrust it. fig. pp. 118–121

A further (and less misleading) form of rereading is found in *White Calligraphy, Re-Read* (1967/2010) by Takahiko Iimura. Here, the artist reverted to his earlier piece *White Calligraphy*, produced in 1967, by transferring characters from the *Kojiki* (the first written Japanese source) to film. Thanks to the speed of the projection, the text becomes a visual effect, allowing the viewer to believe—despite a lack of proficiency in Japanese—to be witnessing that which Jacques Lacan once termed an incessant sliding of the signified under the signifier, thus describing the dissolution of an holistic notion of meaning as rigid unity of signified and signifier fig. p. 125

in favour of a pragmatic and context-dependent one. In the new version shown in the exhibition, the artist spoke several of the sounds accompanying the image.

Collaboration with the poet Lisa Gill was presented in Jeanne Liotta's *Dark Enough* (2011), with poetry itself becoming a virtual rehearsal stage for text-as-text and text-as-image, while avoiding poetical illustration in the process by way of invoking poetical illustration. Liotta describes her working approach as follows:

fig. pp. 127–129

> I was a little nervous about these words from someone else that I was going to have my way with. So we did correspond, but I started my working method – I have a title board, like an actual sign board with letters that you put in, and I actually reconstructed all of the poems from the book that I like. I did the stanzas on the title board and made rubbings, like graphite and paper. It was really interesting for me to actually reconstruct the words and handle the letters and think about the language as a material – we say that all the time; I hear poets talk about that all the time, but I was literally making it into a mechanical term! I had rubbings and I had paper with text on it, and I refilmed that. I felt like I needed to start with the material aspect and then slowly find a way to bring it into the moving image. The result is an ephemeral texture with a little frisson of personal warmth – the time-consuming process is somehow palpable in the finished piece.[9]

Last but not least, the artist Sonja Gangl used the medium of drawing to render the respective closing image of a film in the work series "THE END_". However, the selected picture was not from the final credits but actually the second to the last frame. Through her insistent focus on this image and the practice of drawing, the artist was referencing the essential conflict of art with art about art, which is so pivotal to Conceptual Art. She was also toying with the strengths of a medium by using a supposedly weaker, older, and more traditional one. This moment of the "END"— where film, through the immobile nature of the end credits, already approximates photography, painting, or even drawing, and where the viewers are always released from the effects of inner-filmic strategies and from filmic fiction in general. Here, once again, she gets the the boundaries between fiction and reality, and thereby the idea of cinema per se.[10]

fig. pp. 93–94, 100–101

My appreciative greetings are extended to all artists participating in the exhibition, the lenders, the visitors to the exhibition *Words as Doors – in Language, Art, Film*, and also to the public funding agencies: the Culture Department of the Province of Styria, the Cultural Office of the City of Graz, and the Art Section of the Austrian Federal Chancellery. Also, I would like to particularly thank Martin Ebner for his lecture "Ein helles Kino, ein Ort der Möglichkeiten" (A Bright Cinema, a Place of Possibilities) and the presentation of the film programme showing thematically related gems such as Alfred Leslie's *The Last Clean Shirt* (1964). I am also grateful to the two catalogue authors Olaf Möller and Rainer Bellenbaum, with the latter having likewise enriched the exhibition's supporting programme with his lecture "Kinematografisches Handeln: Von den Filmavantgarden zum Ausstellungsfilm" (Cinematographic Action: From the Film Avant-Garde to Exhibition Film)[11] named after his book. In conclusion, I would like to express my sincere gratitude to the team at Künstlerhaus, Halle für Kunst & Medien, for supporting the project with their many ideas, and especially to the director of the institution.

1 Gilles Deleuze, *Cinéma 2: L'image temps*, Paris 1985, p. 340, cited and translated from Alexander García Düttmann, *Was weiß Kunst? Für eine* Ästhetik *des Widerstands* (Konstanz: Konstanz University Press, 2015), p. 18.

2 "[N]ext to cinema, which continues its existence as a celibate art, an exploded and metaphorized cinema is unfolding, muddling the borders of the art that is now becoming art."— Jacques Rancière, cited in Erika Balsom, *Exhibiting Cinema in Contemporary Art* (Amsterdam: Amsterdam University Press, 2013), p. 185, see this volume, p. 64.

3 Christian Metz, undated manuscript notes for *Phénoménologie de l'expérience esthétique*, cited in Dominique Chateau and Martin Lefebvre, "Dance and Fetish: Phenomenology and Metz's Epistemological Shift", *October*, 148 (Spring 2014), p. 115.

4 Peter Wollen, "'Ontology' and 'Materialism' in Film" (1976) in *Readings and Writings. Semiotic Counter-Strategies* (London: Verso, 1982), p. 204.

5 See also Gregory J. Markopoulos's use of the maxim „Film as Film" in: *Film as Film: The Collected Writings of Gregory J. Markopoulos* (London: The Visible Press, 2014).

6 Born as George Landow (1944–2011), changed his name to Owen Land in the 1970s. In the publication at hand, the name Owen Land will be used when speaking of this artist.

7 Marcel Broodthaers in conversation with Freddy de Vree, 1971, cited and translated from *Marcel Broodthaers: Cinéma*, exh. cat. Kunsthalle Düsseldorf and Nationalgalerie Berlin (1997), p. 127.

9 Jeanne Liotta, cited in Sarah Smith, "Citizen Science: The Enlightenment of Jeanne Liotta", *The Austin Chronicle*, 17 February 2012, http://www.austin-chronicle.com/screens/2012-02-17/citizen-science/ (accessed 5 February 2015).

10 Michael Schaudig, "Das Ende vom 'Ende': Nachruf auf eine filmische Konvention", in *montage / av* (2003), pp. 182–94, esp. p. 192, http://www.montage-av.de/pdf/122_2003/12_2_Michael_Schaudig_Das_Ende_vom_Ende.pdf (accessed 31 October 2015).

11 Rainer Bellenbaum, *Kinematografisches Handeln: Von den Filmavantgarden zum Ausstellungsfilm* (Berlin: b_books, 2013).

The Filmed Word: Between Determinative Power, Ambiguity, and Pictorial Modus

The fact that the cinematographic is generally conceived as language has less to do with its inventors than with those activists who time and again seek to combine the moving image with written or phonetic presentation formats. Pioneers of narrative film, such as David Wark Griffith, were highly interested in the autonomous visual form of cinema. For even if Griffith expressly clung to the integration of verbal intertitles while optimising his scenes, his artistic interest was in fact primarily directed towards specific camera and editing methods: switching between settings captured close-up and from a distance, or the parallel montage of diffluent storylines. On the other hand, Griffith, who had originally harboured the ambition to become an author, shared a particular concern of the film industry, which was at the time just becoming established in the first decade of the twentieth century. He wanted to move the screening of films away from the demotic milieu of variety shows and fairs, and into the spheres of cultural-bourgeois cinema. In this respect, the director considered it essential to pursue an orientation to the dramaturgy of classic fiction, though it was quite obvious that the comprehensive plot of a novel could hardly be staged in full using camera technology, and that the narrative film should therefore take a pragmatic approach by alluding to a portion of the plot through written subtitles: "Instead of showing a man walking all the way home we found that the action was speeded up and the story made more compact by saying that the man went home."[1] According to Griffith, such an economical approach to the narrative was not only meant to preserve the refinement and value of the scenically rendered elements, but also to ensure that the filmic narrative maintained the appropriate pace.

The avant-garde film artists of the 1920s expressed almost equal appreciation for recourse taken to the written word. Although they vehemently opposed any kind of literary style in film-making, this in no way precluded the integration of words and sentences. The surrealist, film critic, and actor Robert Desnos considered letters to be just as suited to filmic projection as the human face.[2] The director Jean Epstein considered it "absolutely depressing"[3] to watch a film without (sub)titles, for he considered them to be like punctuation from a perceptual perspective. Epstein encountered the contemporary demand for films without panels with much scepticism, comparing it to reading a Mallarmé poem without interpunctuation. In contrast to Griffith's practice, where the intertitles served to sparingly support a coherently narrated universe (diegesis), artists such as Marcel Duchamp, Man Ray, and Fernand Léger inserted idiosyncratic statements into the flow of theatrical or figured scenes. Here, the written word, for its part, became a moving image, for instance when it scrolled horizontally across the screen as illuminated characters as part of a nocturnal Parisian scene in Man Ray's *Emak Bakia* (1926), or when poetically enigmatic plays on words, typeset in spiral form, rotate in front of the camera like in *Anémic Cinéma* (1924/26) by Marcel Duchamp. Here, both the visual design and the cryptically caricaturing semantics of the writing are subverted by an imagination addressed through abstract, graphic Rotoreliefs. Nonetheless, the films differ in terms of their alternating use of writing and moving graphics, their respectively specific functions of speaking or showing. The circularly moving word games like "L'enfant qui tète est un souffleur de chair chaude et n'aime pas le chou-fleur de serre-chaude" (The nursing infant is a lover of hot flesh and doesn't like hot-house cauliflowers) speak to a clearly different—deciphering—point of view than that of the Rotoreliefs, which challenge the mode of visual perception.

In the post-war avant-gardes, on the other hand, film-makers pursued a highly visible distinction between perceptual modi; this especially applied to those who, next to their cinematographic work, were as equally engaging in the craft of linguistic poetry. In *Le corbeau et le renard* (The Raven and the Fox, 1967/72), for example, the Belgian artist, poet, and film-maker Marcel Broodthaers combined the meaning and objectness of words in such a varied way that their readability and visibility subtly meshed. The written word sometimes appeared sharply focused as handwritten labelling or as a filmed printed work, other times advertently unfocused or fragmented. Intertitles which feature nothing more than the French article "Le" made reference—in a grammatically incongruous way—to the respective objects shown subsequently: a boot, Fr. la botte, and a bottle, Fr. la bouteille. On the other hand, the "Le" fittingly although virtually, references the film's main protagonists—the raven (le corbeau) and the fox (le renard)—which, however, are not visible in the film. Inscribed rolls of paper, dialogue balloons, and bottle labels show the words by simultaneously constituting them. Conversely, words are found to be concealed, distorted, or contextualised by objects like glasses, flowers, or a hammer. From afar, this reminds of metaphorical associations—"words like flowers" (Hölderlin) – as well as of the metonymic function between linguistic utterances and a telephone apparatus. Common to all words and things is the respective status of their state of presentation, their reciprocal positioning, and their misappropriation deviating from conventional use.

Hollis Frampton's *Zorns Lemma*

An affinity to linguistic and conceptual poetry is also found in the filmic work of the American artist Hollis Frampton. Influenced by fellow students and artists like the sculptor Carl André and the painter and object artist Frank Stella, as well as the enigmatic personality of the poet Ezra Pound, Frampton worked as an author, photographer, and also as a film-maker. He continually sought to place the motifs from his surroundings in new contextual structures. Tension especially arose when he combined reflection of filmic or mediatic apparativity with personal experiences or site-specificity. A striking example of this is the film *Zorns Lemma*, released in 1970.

In terms of writing, Frampton subtly takes recourse to the structure of the alphabet in the film. With the screen initially dark, a female voice from the off recites a verse from the "Alphabet Poem" using intonation familiar from school lessons, the part that was meant to help English and American children learn their letters in the eighteenth and early nineteenth centuries. Each verse emphasises a certain letter: the first focuses on the letter A, "In Adam's Fall we sinned all", the second on the letter B, "Thy life to mend, God's Book attend", and so forth. Following the recitation of the poem is the main segment of *Zorns Lemma* with approx. ninety sequences, each featuring twenty-four alphabetically arranged picture settings. The number twenty-four results from the alphabet customarily having twenty-six characters, of which the I and the J, as well as the U and the V are consolidated here to assert a common position. According to the film critic Scott MacDonald, this structure (here abbreviated to twenty-four letters) is meant to reference the standardised film speed of twenty-four images per second, which is indicative of a basic pairing of two different material structures, before *Zorns Lemma* starts integrating further material structures. While in the beginning only the simple bodies of the letters—A, B, C, etc.— are visible in the fixed settings, wobbling slightly in succession, the film soon starts showing full words. These are words as shown along the streets of Manhattan on buildings, on advertising signs, above stores, in shop windows, filmed from varying perspectives—words featuring shifting letter typographies, different colours and graphic designs, each running for about a second. Every initial letter signifies anew the progression of the alphabet. After numerous such word-image sequences, the film once again changes its semantic approach, with a scene showing a specific event or a specific plot now taking the place of a previously shown letter (e.g., in place of X), first in one place and soon followed—in irregular order—by more and more positions. For example, replacing the X is the scene of a fire every time, replacing the F is a tree, et cetera ... until, ultimately, all of the letters have been substituted by specific scenes, which are, however, not narratively connected, be it the moving image of a basic natural phenomenon or scenic activities like changing a tyre or painting an interior.

Similar to Broodthaers, Frampton juxtaposes linguistically or, more precisely said, alphabetically structured reading material with the mode of observation. Emphasised here is the linear alignment of both the written and visual material. The beholders/readers are challenged to actively count and identify, which associates activities like reading, counting, observing, and scrutinising or reading, counting, and listening, or observing, listening, and seeking. Such activities reference the status of subjects within society, or the status of players who are distinguished by their capacity for multidimensional perception and expressiveness—multidimensional in a spatial sense, but also in a temporal or a social sense. Such multidimensional perception—experience, memory, and reciprocal agency—generates knowledge. Both knowledge about the world and knowledge about oneself in this world.

Having a Say and a Vision

In fact, linguistic experts and those with expertise in visual/pictorial matters struggle to attain supremacy in their respective practice. Considering the generation of (analytical) knowledge, theorists such as Michel Foucault or Gilles Deleuze ascribe primacy to "Bestimmungs*kraft*" (determinative power) of the speakable/predictable over the "Bestimm*barkeit*" (determinability) of the visible, of what is radiated by light. Deleuze shares Foucault's stance that the speakable engages in a mode of active determination, and that of the visible in a mode of passivity.[4] Titling his historico-philosophical study on human sciences *Les mots et les choses,* Foucault also wanted to express an ironic note on that semantic hierarchy. But as aptly confirmed by his desire to title the English translation of the same book *The Order of Things* instead of "The Words and the Things", this change still reinforces Foucault's position to priorise the words or, more precisely, the expressions—which, through discourse, become actualised, refined, and are always newly functionalising—to lend order to the (visible) things.[5]

For artists and film-makers working in the visual arts, as opposed to individuals working in scientific contexts, the visible and showable form the centre of their work. Both art history and film history strongly involve fluctuating strategies that reflect on phenomena that elude reality. There is a whole host of such strategies, including the multifarious creative drive of artists to lend form to these phenomena, methods of making the invisible visible, of preserving the visible, and of demonstrating the structures and functions of visibility, and also strategies for correlating the visual with other sensory forms, for instance linguistic or readable ones. This shift in strategy imbues the asymmetrical juxtaposition of "actively" speakable and "passively" visible with new vehemence, not least in view of the traditionally hierarchically conceived distribution of active artists, directors, film directors, and authors on the one hand, and spoon-fed viewers, readers, and participators on the other. Or, to put it more succinctly, between those who supposedly have a say and those who have a vision/gaze.

Coupling of Speaking and Showing

On this issue, the film *Remedial Reading Comprehension* by George Landow from 1970 proves illuminating.[6] Here, the artist, who was involved with structural film at the time, sheds light on the perceptual approach taken by reading with regard to several special cinematographic functions. For Landow, it was not only the written word that attained an ironically informative and media-reflexive character when, repeatedly, lettered graphics superimposed upon self-portraits of the film director explain to the viewer: "This is a film about you . . . not about its maker." Furthermore, the film prompts the viewers to read more quickly when a stroboscopically mounted picture of text shifts its only phrases ("relation of teacher", "to pupil is an emo", "an emotional one and", "one and most com-", etc.) from blurriness into focus in quick succession, as if reading from left to right and from top to bottom. Whilst such a technoid performance of a quick reading test is linked to such ironically enlightened media reflexivity, to scenes featuring the waiting public filmed from the canvas perspective, and to the portrait of a sleeping woman, *Remedial Reading Comprehension* delivers a multilayered, sometimes excessive, sometimes prurient parody on the genre of educational film. A parody that thwarts any kind of functional order existing between the sensuousness of speech and vision. Seemingly transient and fragmentary, the individual words and textual phrases not only probe the margins of readability, while nonetheless revealing their meaning; the acceleration of the focus directed from left to right and from top to bottom has the effect of deconcentrating the interpretive gaze as such, be it in the sense of dispersal or stagnancy, or be it through an attempt to bypass the mode of decipherment to arrive at that of association or to jump from the verbal production of meaning to contemplation of the filmic form.

While Landow loosely integrates such perceptual shifting into the fabric of educational film parody and media reflexivity, John Smith condenses the commitment between verbal semiotic carriers and visual surfaces to a stringent form. In this respect, his film *Associations* (1975) also builds on a didactic structure. The film starts with a description of the so-called "free association game" delivered by Smith himself, which provides a continual soundtrack throughout. Elucidated here is the game where the individual players are required to make spontaneous associations with the stimulant words called out to them. Smith's film becomes interesting when, after a short dark phase, image sequences light up one by one. This entices the viewer to try to discern a rule for such flashes—namely, the fact that each integrated image, whether showing people or objects, evokes a term that sounds similar to the simultaneously audible spoken word (or one of its syllables). Another attraction lies in trying to determine the type of respective adherence to the rules, that is, the possible reinterpretation of the heard wording or syllables based on the picture shown at the same time. For example, the word "category" is heard and a 'cat' is shown, or the word "association" is heard and the word "Asian" alluded to by showing a portrait of 'three Asian women'.

It is in such a way that *Associations* utilises the synaesthetic tension between linguistic-phonetic and representational-visual modes of expression in order to closely interlace the modi of reading and seeing. One would be remiss to grasp the visual-representational aspect as an illustration of the words spoken. Repeatedly invoked as ciphers for specific phonetic images, the depicted objects and people moreover attain the status of an arbitrary codification, one that is otherwise only evident in connection with lettering or lexical signs. In addition, beyond any content-related analogies to the spoken words, the material shown harbours an irreducible potential for associative connotations.

As Deleuze asserts in allusion to Foucault, such an irreducible space of interpretation is solely aligned to the visible, not to the speakable. While, as noted above, this is apparent in the ability to determine the visible, the latter in particular is conversely imbued with the virtue of remaining fundamentally indeterminate and thus repeatedly determinable by new elements. Citing Stephanie Barber's *Tatum's Ghost* (2011), which features the re-editing of an episode of the US crime series *Unsolved Mystery*, allows us to discuss the extent to which the speakable attains gradual indeterminacy in the framework of a film. In this crime thriller episode selected for repurposing here, which features a ghost-seeing married couple, Barber likewise utilises the synaesthetic tension of vision and hearing, though invariably in connection with word-based articulation. To this end, the artist uses collage to overlay, onto the image scenes that she has clipped, commentary interactively posted by online viewers about the episode. The interplay thus engendered between the narrative spoken from the off and the retrospectively added viewer comments give rise to a dispersive semantic space. Spoken and written planes run—in parallel to the visual scenes—heterogeneously side by side. Individual correlations between the words (e.g., between the name of the film's protagonist, Tate, and of the dog mentioned in the commentary, Tatum), between pauses in speech and sections of writing, or between the respective narrative perspectives engage only very briefly—just as briefly as the moments of suspicion with which the crime show addresses the viewers, on the one hand, and the viewer comments posted within the Internet community, on the other. Moreover, the retrospectively added texts run swiftly across the also moving visual scenes as dense, broad scrolling titles, which lends pictoriality to the written words and makes it difficult to focus on and decipher them (in parallel to the spoken words). Both planes reciprocally impact each other, just as each plane is respectively influenced by the dynamic interplay of the staging. Not only do the visuals shown here lend themselves to verbal interpretation; the visually staged writing or the film's voiceover likewise offsets their respective determinative power in favour of poetic indetermination.

In this way, film directors or artists activate the cinematographic, incorporating letters and the spoken or written word in multifarious ways. The techniques and dramaturgies developed in the process certainly provide a blueprint for the general history of cinema, including: the custom of showing credits before and after the film; the announcement of the film as a monographic work; the introduction of those involved in its making; the implementation of graphic fonts to further economical narrative style; the use of sound film for lip-synchronised dialogue; and dialectical word interventions in the continuity of the moving image. On the other hand, such a cinematographic turn/use has, in turn, contributed to the activation of the linguistic realm inasmuch as it has obviously loosened the function of determinative power as principally conceded to the word. In precisely that moment in film where the word appears as an element next to other optical, dynamic, spatial- or temporal-based modes of expression—with its dual nature of writing and sound thus being trenchantly asserted—that cinema allows the speakable, in consideration of its potentialities, to also function as indeterminate, as image or space of ambivalence.

1 David Wark Griffith, "Commentary", in Harry M. Geduld, *Focus on D. W. Griffith* (Englewood Cliffs, NJ: Prentice-Hall, 1971), p. 65.
2 See P. Adam Sitney, "Image and Title in Avant-Garde Cinema", *October*, 11 (1979), p. 102.
3 See Jean Epstein, "Pour une avant-garde nouvelle", in *Écrits sur le cinéma*, vol. 1 (Paris: Seghers, 1974), p. 148.
4 Gilles Deleuze, "Topology: 'Thinking Otherwise'", in *Foucault* (London and New York: Continuum, 1999), pp. 39–101.
5 See Michel Foucault, *The Archaeology of Knowledge* (New York: Pantheon Books, 1972), pp. 88ff.
6 George Landow (1944–2011) later changed his name to Owen Land, see this publication, p. 53.

After Cinema Is Before Cinema

"Next to cinema, which continues its existence as a celibate art, an exploded and metaphorized cinema is unfolding, muddling the borders of the art that is now becoming art." [1] *Jacques Rancière*

It is curious how Jacques Rancière establishes, in the sentence selected as the exhibition motto, a division of cinema into different spheres of production, distribution, and also thought, projecting a development that features at least two tracks: As if there had once been an unequivocal, universally valid practice that had now, over the course of development(s) and time(s), become lost or further refined? Yet cinema was never just singular, but rather always synchronously plural—sometimes at the same place in the same hour, and at other times, running in parallel at different ends of the earth.

Already the roots of cinema extend into the fertile ground of extremely varied nature—it does not suffice to reference photography and (popular) theatre or variety shows, as one seemed deliberately wont to do. And in the first place: Exactly which photography? It is likely less well known that at least two of the "pioneers" working on an apparatus for recording and presenting moving pictures—William Friese-Green and the Skladanowsky brothers—considered this to be a further development of stereoscopic photography, which at the time was popular in bourgeois households. (Between 1890 and 1893, Friese-Green even created several stereoscopic films of astonishingly three-dimensional spatial effect, even if only a few frames in length, but he encountered difficulty in screening them.)

When cinema—for the time being—became a two-dimensional art, this had to do with the fact that, to no inconsiderable degree, "the motion picture was pushing"—film was ready to be born, which was made clear by the competitive pressure and rivalry among all involved parties (they were aware of each other). So when the Lumière brothers later claimed that, in their eyes, cinema was an invention without a future, it is to be taken with a grain of salt, as a statement that was (mis)understood in too romantic of a way. Normally, it would be jocularly dismissed as a misjudgement or an especially spectacular form of modesty. But what the brothers from Lyon probably intended was to venture an estimation of cinema as novelty: a seasonal product that must be marketed quickly because it is sure to fade away again. The serial motion of photographs and the illusion of an animated image or replica of the world that mirrors reality were new qualities and thus suitable enough for the market; the spatial effect could wait and would someday shine as an added attraction, a next step, an intensification of verisimilitude—or so it was thought. Art forms that could "realistically render space" did actually already exist at this point in time and were exceedingly popular: both dioramas and panoramas, which in the 1890s were able to embrace veritably installative dimensions. But "moving photographs" with a set running time were not yet in existence.

The panorama and the diorama did, in fact, suggest that cinema could certainly have developed into an art of quite installative character from the outset. If we "hybridise" stereoscopic photography with the diorama, and add to all this a moment of natural-seeming movement—granted, this really is rather wild conceptual manoeuvring, gestures meandering through mental space, but still—then we would arrive at something like a filmic installation in (museum) space. It must be assumed that (logically speaking) the loop would have been conceptualised as well, even if only because the circular, seemingly endlessly repeating motion was implicitly implied thanks to several pre-cinematic devices, such as the picture-taking plate in Jules Janssen's photographic revolver or Étienne-Jules Marey's chronophotographic gun, or the spinning drums and disks of the phenakistoscope and of the daedaleum or zoetrope. Sauntering through the exhibition *Words as Doors – in Language, Art, Film* was almost like strolling through a cinema that had long received minimal attention—including the diversity of content-related, creative differentiations so characteristic of film, at least during the first sixty or seventy years of its existence.

Certainly, in the mid-1910s, a process of division began: now there was the long film and the short film, though the former evolved into the dominant form. And it is no surprise that the long film echoed bourgeois theatre in terms of length and form, just the way a good cultural evening was meant to be. Furthermore, it strongly referenced the bourgeois novel, which likewise tended to be lengthy. Although it did not find completion until the *long-métrage* or feature film, this process began earlier with the shorter forms: If we wanted to pinpoint a date, the year 1908 might work: the founding of the Société cinématographique des auteurs et gens de lettres or SCAGL, which served the purpose of making French cinema accessible to middle-class demographics, and it succeeded: first with short and half-length film, soon with very long pieces by way of series. Surely though, similar ideas and awakenings were being played out somewhere else on earth... For in reality, cinema is most particularly an exception and deviation. Situated at the heart of cinematic perception ever since has been the long film, usually in its fictional variety, though in the tradition of film history it was, for an extended period, hardly noted: that for decades the feature film was just one element within a larger programme; that these elements encompassed the entire spectrum of everything possible using film (everything had its place, from the weekly news to animated features); that these different elements were coordinated at times; and that these compositions of entertainment and information, which lasted several hours, were accordingly discussed in the press quite often (in any case, the reviewers of the time often touched upon the short films, and there were a quite a few cases where journalists spent more time critiquing the supporting programme than the so-called main feature). For example, in the Federal Republic of Germany, well into the 1980s, a short film yielding tax incentives was shown between the previews and the main film, even in the most commercialised multi-cinema complexes. This was not such a long time ago—less than half the lifetime of the average European. So it is an experience that we may still remember, even if the experience was probably felt to be annoying at the time, a retarding moment that delayed the "real" purpose. But in actuality, it was not so "real" after all, not by a long shot.

How deep the programmatic and polymorphic idea was integrated into cinema is also symbolically evident in the following: family films were passed down from the Italian circus dynasty Togni. Now the Tognis, in their personal cinema, interwove scenes from their everyday life with purchased feature films and animations such as those by Charlie Chaplin or Walt Disney. This was achieved in a very tangible way using splicing. So when working through these inventories, we encounter not only private images from the mid-twentieth century, but rather comprehensive programmes.

In taking a look at such mixtures in early cinema, we will notice that a programme generally contains a bit of everything: document(ation) and illusion, excitement and laughter, sensation and idyll—but also various kinds of colouration, soundscapes, and something that from today's perspective is quite astounding, the coexistence of "artificiality" and "reality". If a polar researcher is present in a picture obviously photographed in perpetual ice (and completely tinted in light blue after the fact), and he then, after a cut, circles a cardboard iceberg in the studio, is confronted with a polar bear (retrospectively furnished with a brownish dapple of paint), before wrestling with someone in a polar bear costume in the next frame (once again retrospectively furnished with a brownish dapple of paint), with all of the above perhaps accentuated by a violin and piano accompaniment and also by live commentary, then this was considered to be inherently consistent. It does not necessarily mean that the difference between reality and studio, et cetera, went unnoticed, but rather that people were able to connect and translate all of these contrasts and fragments into a meaningful narrative. Considering the films and programmatic strategies of that era, the audience could not have been nearly as naïve as is conveyed by many of the conventional histories of film. Reality in the form of veritable document-like recordings was long viewed as an affect, or even as sheer effect, which had the capacity to enhance the veracity of the cinematic picture—the cinematic picture itself, how-ever, was certainly also conceived as something abstract and stylised.

If the phrasing "veritable document-like recordings" seems odd, let us consider that cinema had long differentiated between documents and documentation. The former were considered to be direct copies of reality, being of an "excerpted" nature, while the latter were already narrative in construction and could work with scenes, stagings, in order to clearly illustrate processes and contexts within society—this applied to portraits just as to the operating modes of social institutions. In the weekly newsreel—the domain of the document—the images seen were assigned to events or news first by way of the panel and then the commentary. In the documentary film, which was also long defined by the voices and texts of the narrator, a story was told, perhaps pertaining to social reality. It is important to remember this today, for in the 1950s or 1960s at the latest, direct cinema was codified in such a way that this differentiation between the picture of an event and the narrative of social contexts was meant to disappear. The fact that it never did is something else altogether.

Initially, writing and words played a purely ascriptive role in cinema: objects needed a name, of which we became aware after having reconstructed them from various sources (production catalogues, newspaper adverts, etc.), not because the names were printed in the films. However, once words did, in fact, become integrated into film, there was no stopping them. To put it in casual terms: cinema can surely be said to have fervently loved both writing and the spoken (or sung) word well into the 1930s. This was hardly surprising, not least because language was already important for the panorama, as an example: often someone stood there and announced or explained what was being shown. Pure and simple. And it was precisely this element that was adopted in cinema, as briefly touched on above: the culture of the film narrator was born, a global phenomenon, yet which, over time, did not end up prevailing in what we today call the Western cultural sphere, as opposed to Japan or Thailand for instance.

In the cinema of this period, subheadings were used as a key approach to design, and not only in relation to what was being expressed in language form or being "said". It also involved the way this text was graphically treated: letters were decorated with images (including ironically charged ones), free-floating notes invited the audience to sing along, and so forth. As opposed to the film narrator, these pleasingly designed text-images were apparently very popular.

Considering that all of this was pushed aside over the decades in favour of certain "purity ideals"—fantasies of film as film—then this says a great deal about the twentieth century and very little about cinema itself.

Too bad that no one has come up with the idea of realising a stereoscopic version—of Marcel Broodthaers's *Une Seconde d'Eternité (D'après une idée de Charles Baudelaire)* (A Second of Eternity [After an Idea by Charles Baudelaire], 1970) in 16mm, of course! All projectionists on this planet, including those working in museums and galleries, would be driven crazy by the challenges inherent to this work, but it would be worth it, especially because it would so perfectly densify *Words as Doors – in Language, Art, Film*. But now back to the dismissed 3D-moving picture-panorama-beginnings with the concentrated trove of knowledge and experience acquired over the span of ± 120 years of cinema! White Cube and Black Box coexist within and next to each other, just like the picture of the North Pole and the ice field in the film studio! Word-image movement, animated self-erasing signature! And this stereoscopically! All the better for seeing the planarity of the lettering—and also of the gesture? It is already arranged as such in the existing version, so it would surely please the mischievous Broodthaers—and thus, conversely, also the space in all its truly illusory splendour. Why not write oneself into a frenzied state if the object—the exhibition—it so permits?

But let us for a moment be content with *Une Seconde d'Eternité (D'après une idée de Charles Baudelaire)* as it is, allowing it to remain the manifesto piece for *Words as Doors – in Language, Art, Film*. And always written out, though it is not actually the exhibit with the longest title amidst the language-enamoured bevy of artworks. This honour goes to Jennifer West's *Spiral of Time Documentary Film (16mm negative strobe-light double and triple exposed - painted with brine shrimp - dripped, splattered and sprayed with salted liquids: balsamic and red wine vinegar, lemon and lime juice, temporary flourescent hair dyes - photos from friends Mark Titchner, Karen Russo, Aaron Moulton and Ignacio Uriarte and some google maps- texts by Jwest and Chris Markers' Sans Soleil script -shot by Peter West, strobed by Jwest, hands by Ariel West, telecine by Tom Sartori)* (2013). Despite its brilliant and evident nature, we will not explore this work more extensively here as further mentions would eat up the space left for the writing of this text. Yet without the title, the piece would be incomplete: it lends transparency to and breaks down what we see, along with the means used or even paths taken during its creation—all of which would not be immediately discernible from image and sound alone. It is lovely to see the list of cast and crew honoured in this way, especially considering that in today's world—where the closing credits of even a medium-scale Hollywood production may run for up to ten minutes—sometimes not even the film title itself is named before the film starts. *Spiral of Time Documentary Film (16mm negative strobe-light double and triple exposed - painted with brine shrimp - dripped, splattered and sprayed with salted liquids: balsamic and red wine vinegar, lemon and lime juice, temporary flourescent hair dyes - photos from friends Mark Titchner, Karen Russo, Aaron Moulton and Ignacio Uriarte and some google maps- texts by Jwest and Chris Markers' Sans Soleil script -shot by Peter West, strobed by Jwest, hands by Ariel West, telecine by Tom Sartori)* is everything rolled into one.

The decipherability of the images, their translatability into the literal, and thus the arrangement of the images provide the focus for several other works, including Iimura Takahiko's *White Calligraphy, Re-Read* (1967/2010), Pierre Bismuth's *The Party* (1997), and Martin Ebner's *Film ohne Film (nach: Mirror Animations von Harry Smith, 16mm Film, 1957/79, Shift von Ernie Gehr, 16mm Film, 1972/74, Sailboat von Joyce Wieland, 16mm Film, 1968)* (2013).

These artworks are listed according to the order in which they have detached themselves from film itself, from both its pictures and sounds. For *White Calligraphy*, Iimura scratched the beginning of the *Kojiki*, the first Japanese source—kanji for kanji, character for character—frame by frame as if the film were a sheet of writing paper (instead of lines, there are boxes). When the film is projected, even the Japanese themselves have difficulty following the text, but if we keep watching and stop trying to successfully read the characters, then the kanji (once again) become experienceable as images. And all of a sudden, *White Calligraphy* becomes a kind of animation (it is interesting to note that this piece by Iimura was created in the same year as Ōshima Nagisa's *Ninja bugeichō*, in which the eponymous manga was realised by filming the pages themselves; pans and zooms and lots of cuts imbued the film with dynamism, along with a multilayered soundtrack featuring narrators, music, and self-made noise). For the sound version of *White Calligraphy, Re-Read* shown in the exhibition, here and there Iimura read a kanji as if interpunctuating, yet without it affecting the actual flow of text, serving instead to establish a further sense of rhythm for the film and its viewing. However, this approach did indeed destroy one experiential form of film: *White Calligraphy* could of course be played back more slowly so as to allow the kanji to be read (if one is fluent in Japanese), thus making the film a carrier of information, the medium of a text that has already existed for almost a thousand years—yet in the case of *White Calligraphy, Re-Read*, this merely results in distortions and lost information.

Readability and therefore also the question "What translates or elucidates what?" reflects the respective version and the related approach taken. In the case of Pierre Bismuth's two-channel video installation *The Party*, the issue is the readability of the world: How to describe a film that is not perceived as a whole? Playing on the one hand is the eponymous masterpiece created by Blake Edwards in 1968 (from which Bismuth borrowed his title) with sound omitted, and on the other, recordings of a stenographer who is trying to make sense of the comedy. According to the text, he must have experienced a very similar feeling as the well-intentioned, quirky film technician Hrundi V. Bakshee during the said festivities, where he really does not belong, for he does not fit into the company mingling there, obviously uninitiated into their code of behaviour and thus hardly capable of interpreting it. What (incidentally) makes for fascinating reflection on time-honoured cinephilic practices: the viewing of films in languages that we do not understand without any kind of translation aid (subtitles, simultaneous interpreters, etc.).

In reality, a considerable part of cinematic historiography, as perception and interpretation of the works, should be taken just as seriously as the stenographer's text—namely, moving step by step along the perceptible and wrestling with analogies. Surely this practice has many positives, especially in cultures strongly influenced by the written word, considering that qualities so often come to the fore that would perhaps otherwise become swallowed in text; on the other hand, however, the losses might be substantial. Ultimately, Ebner's *Film ohne Film (nach: Mirror Animations von Harry Smith, 16mm Film, 1957/79, Shift von Ernie Gehr, 16mm Film, 1972/74, Sailboat von Joyce Wieland, 16mm Film, 1968)* becomes, when pursuing this train of thought, the translation of an academic practice into artwork parameters. Various film theorists and historians have arrived at similar ideas about how cinema could be translated into absolute numbers: for example, cuts are counted or the ratios between different aperture sizes are analysed, and so forth. Common to all is that they ultimately trace certain mechanisms and patterns. Here, Ebner is actually doing the same: he translates structural elements of structural films into sculptural form—movement in time turns into a contemplatable present within the exhibition space.

1 Jacques Rancière, "Le cinéma dans le 'fin' de l'art", in *Cahiers du cinéma* 552 (December 2000). English translation cited from: Erika Balsom, *Exhibiting Cinema in Contemporary Art* (Amsterdam: Amsterdam University Press, 2013), p. 185.

Martin Ebner
Film ohne Film, 2013

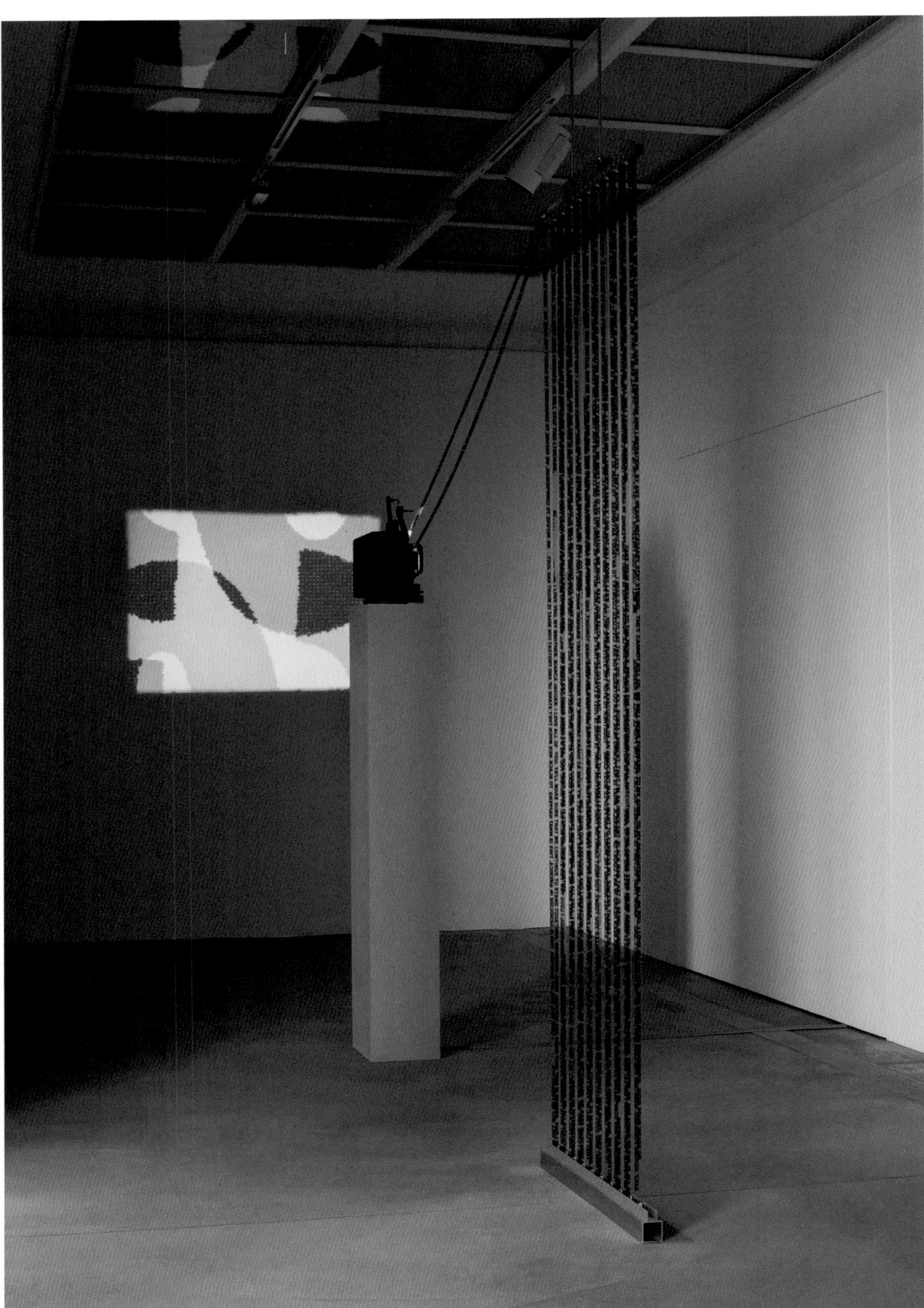

Wolfgang Plöger
By any means necessary, 2013

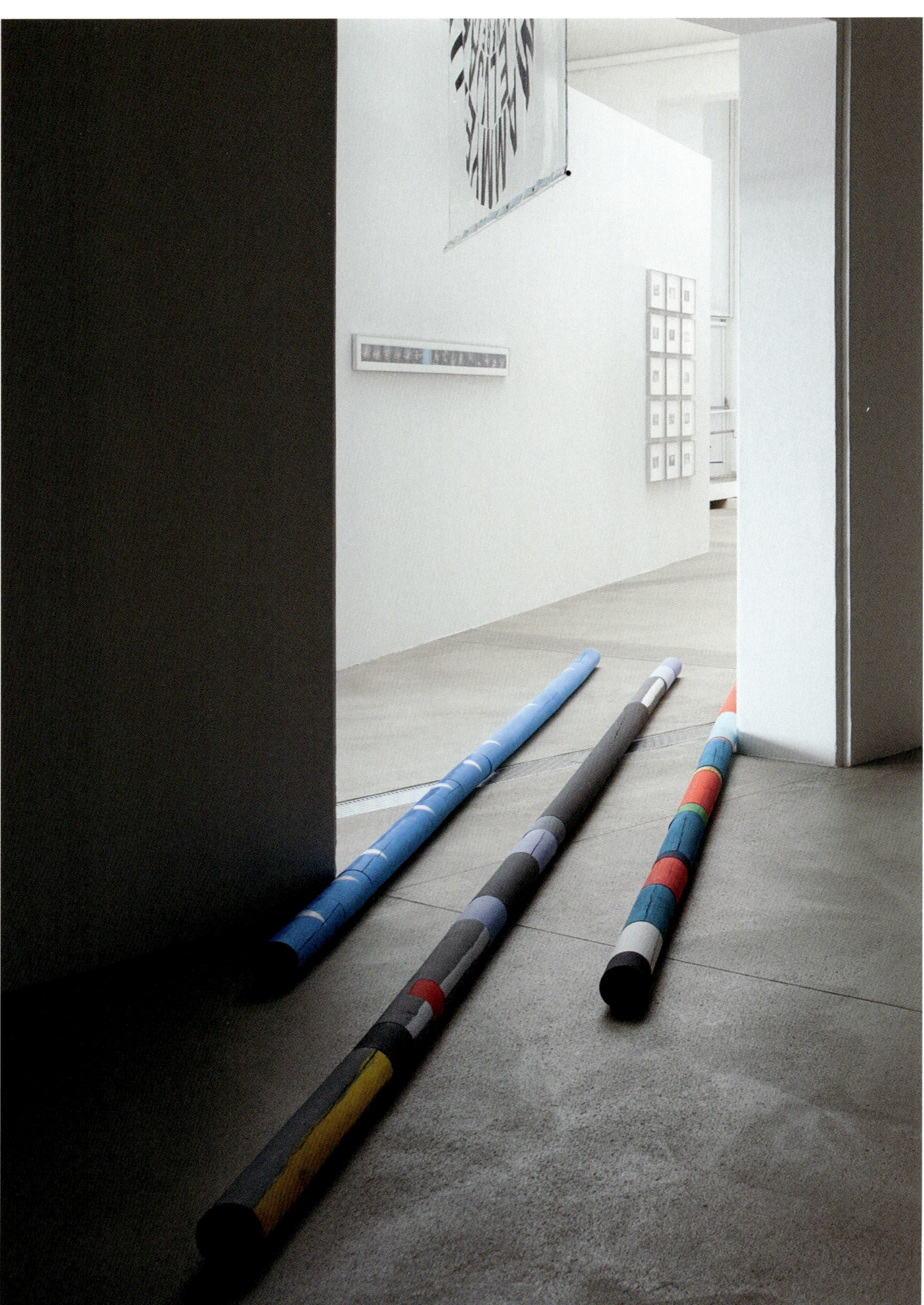

76 – 77

Martin Ebner

Film ohne Film, 2013

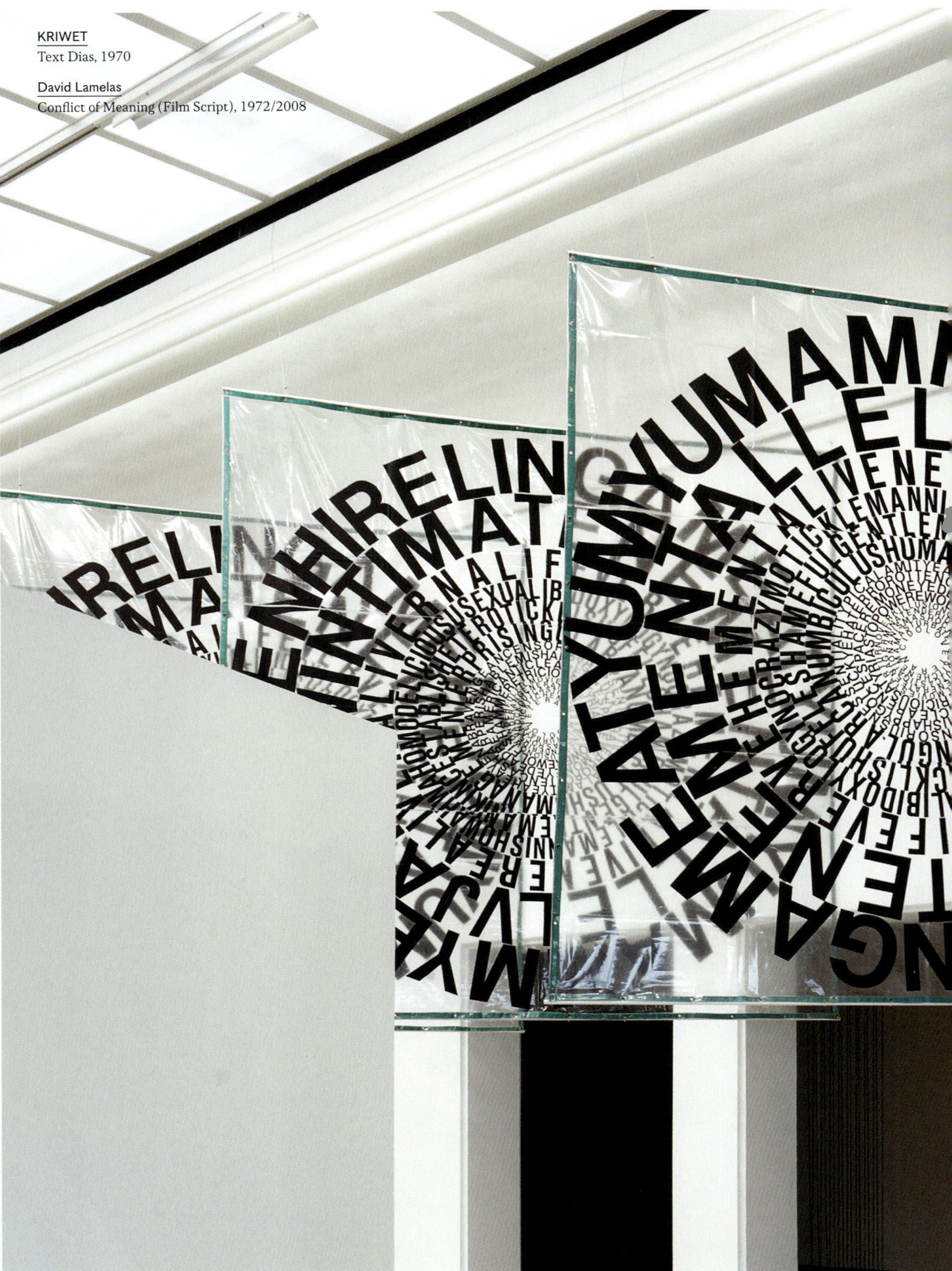

KRIWET
Text Dias, 1970

David Lamelas
Conflict of Meaning (Film Script), 1972/2008

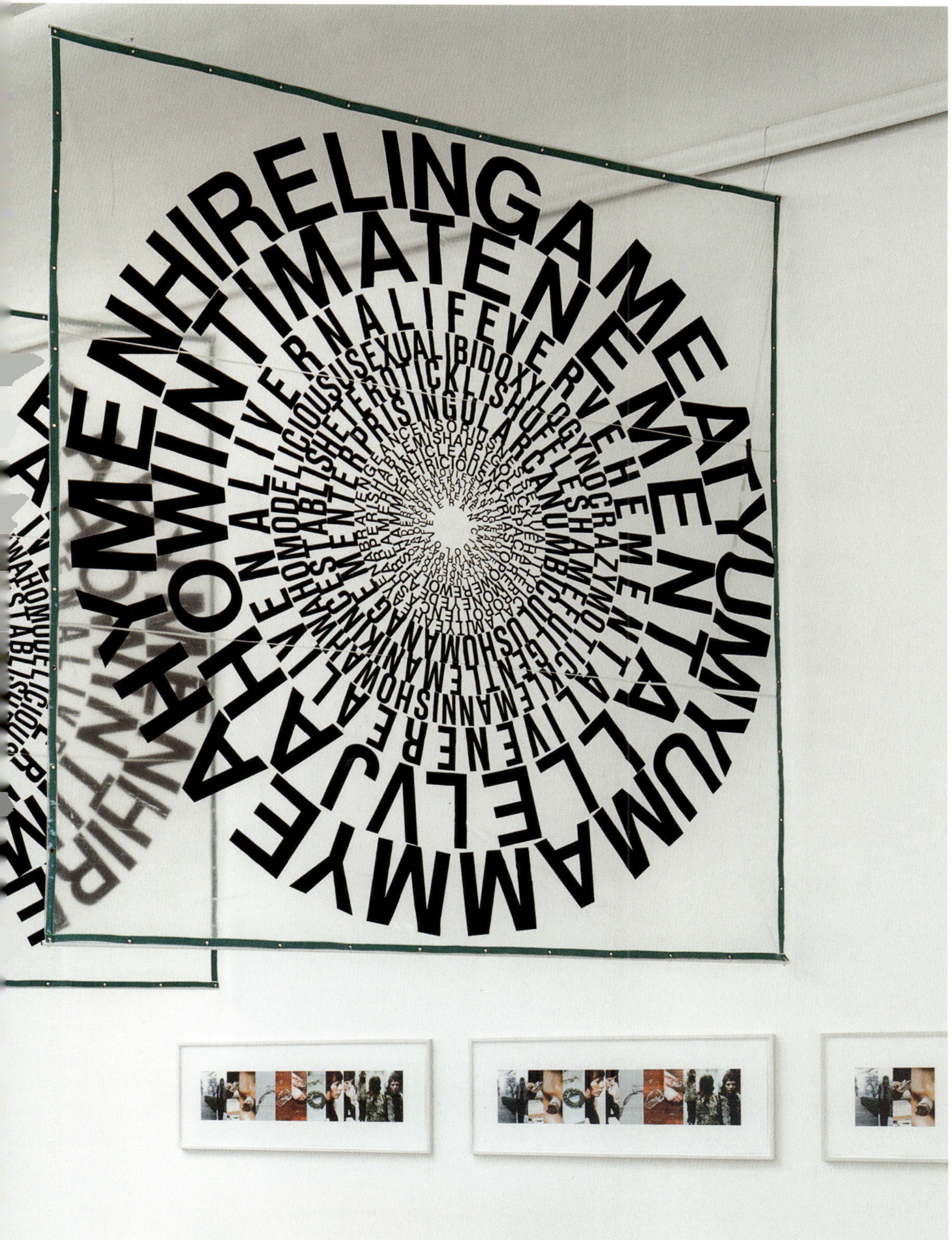

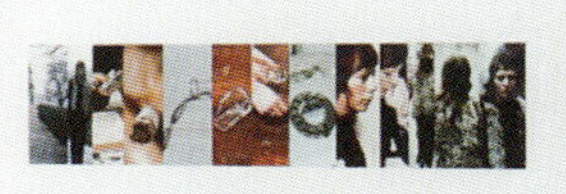

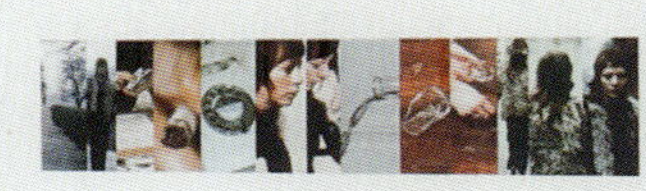

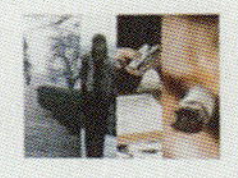

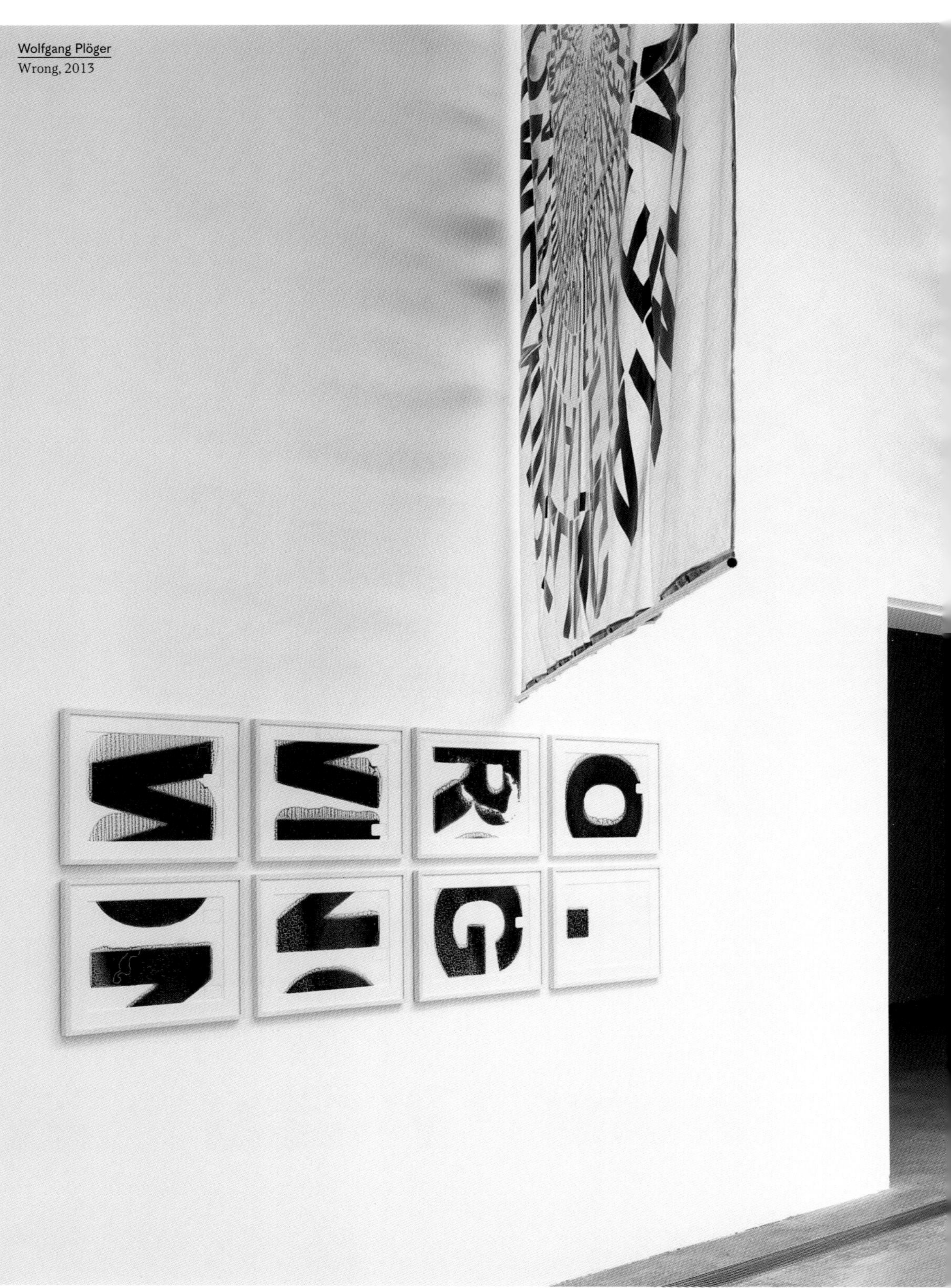

Wolfgang Plöger
Wrong, 2013

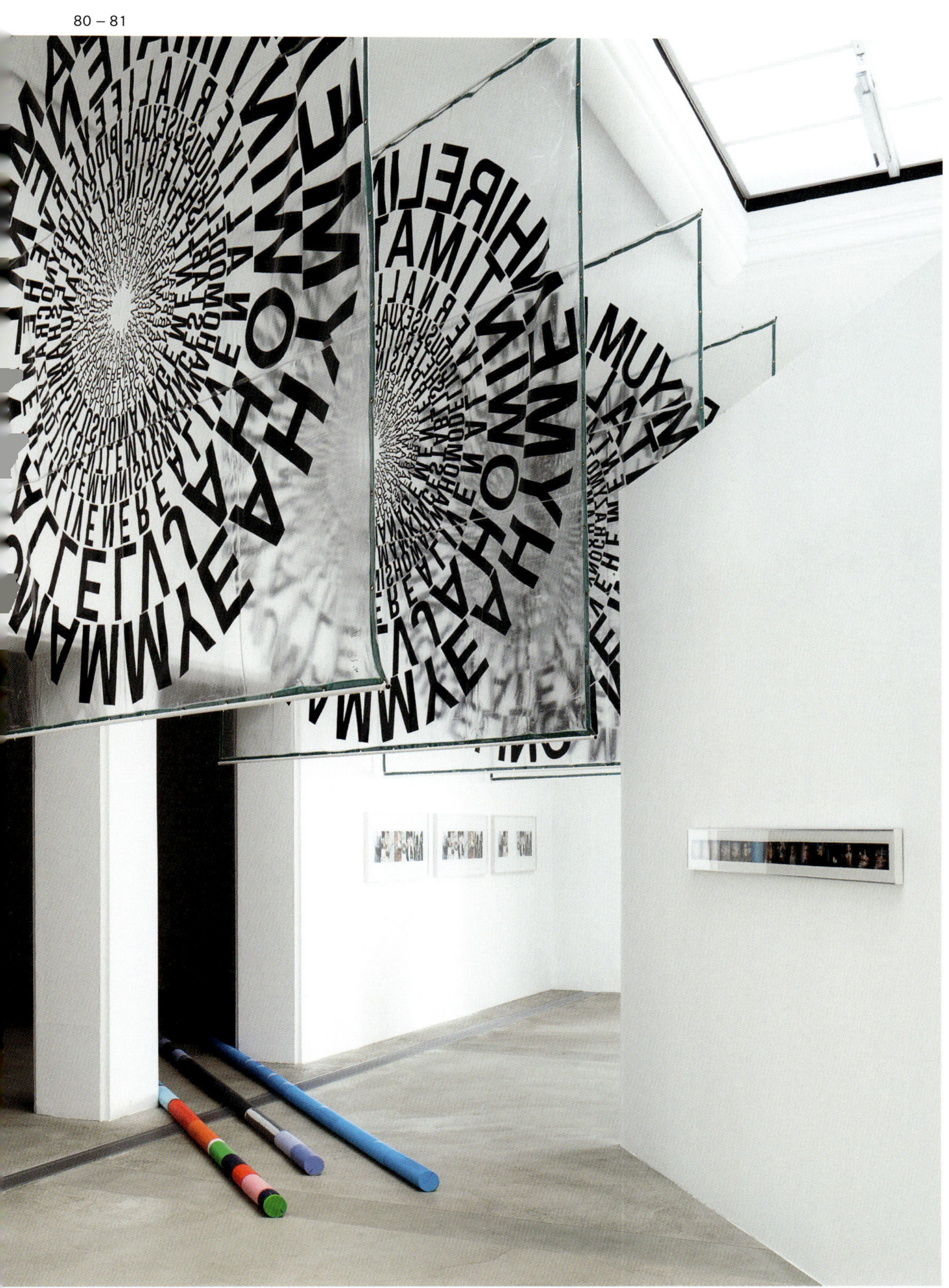

John Waters
Slade 16, 1992

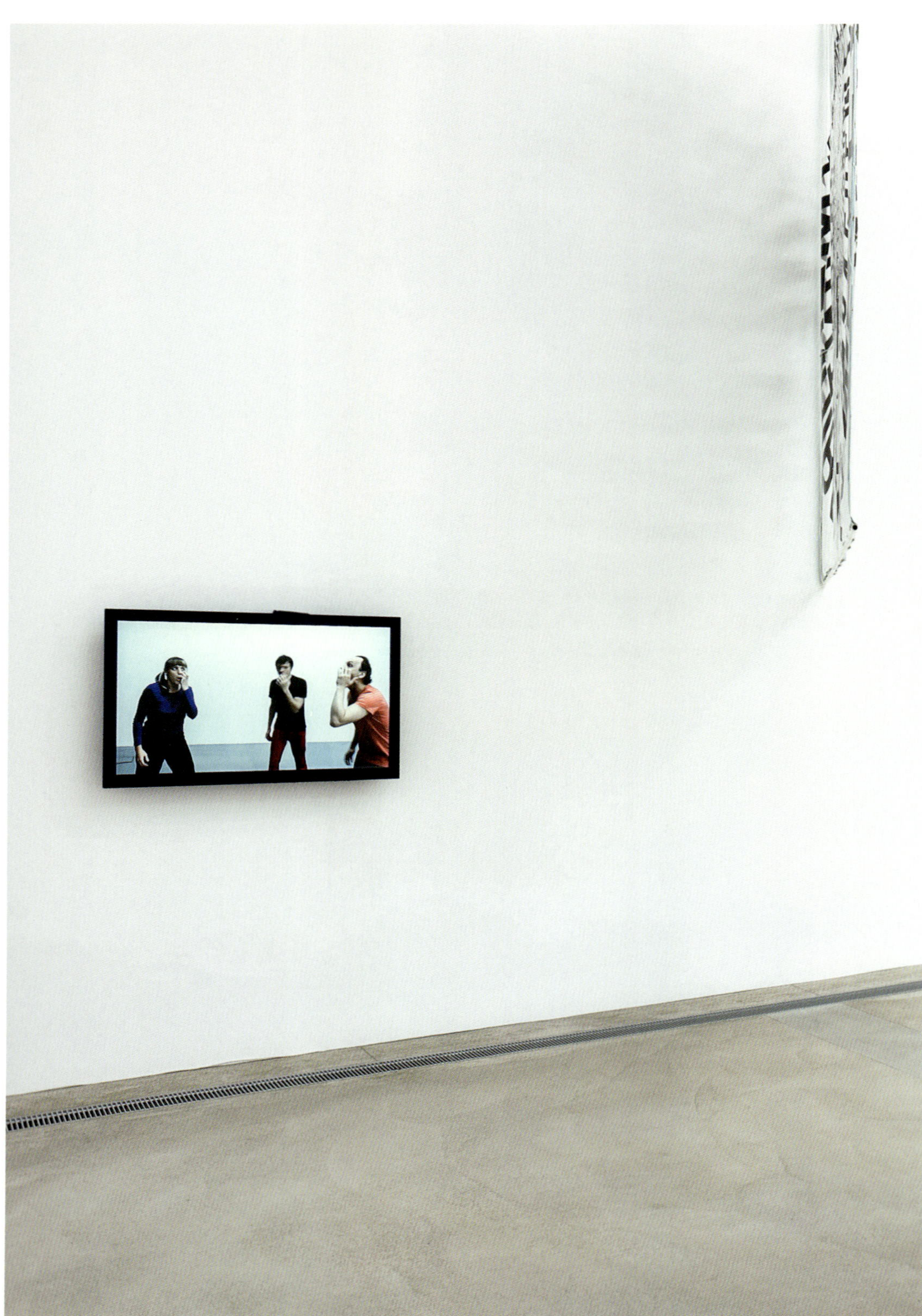

Christian Mayer
Ulam, 2013

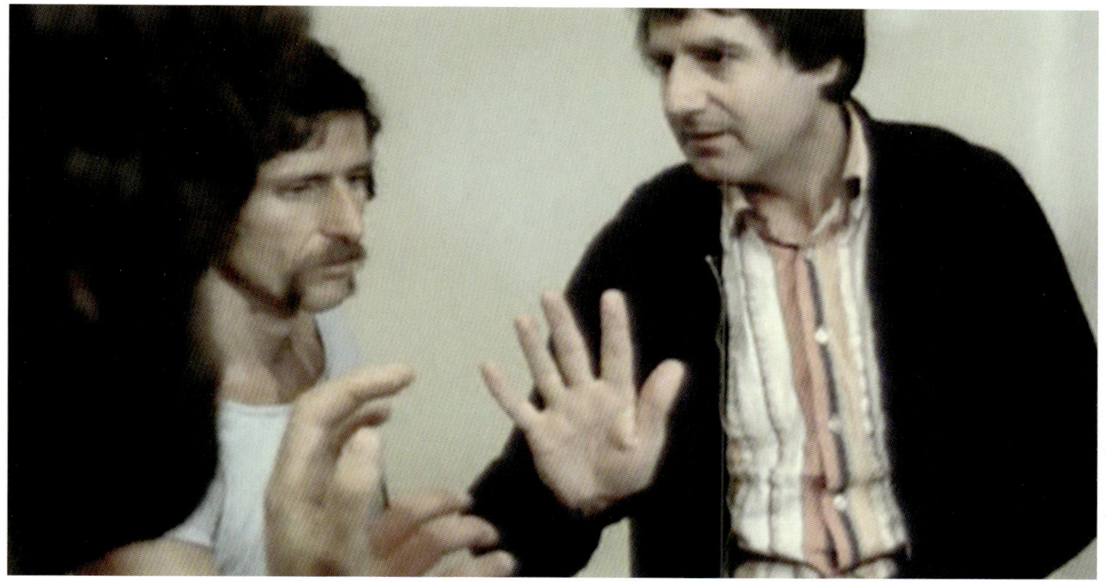

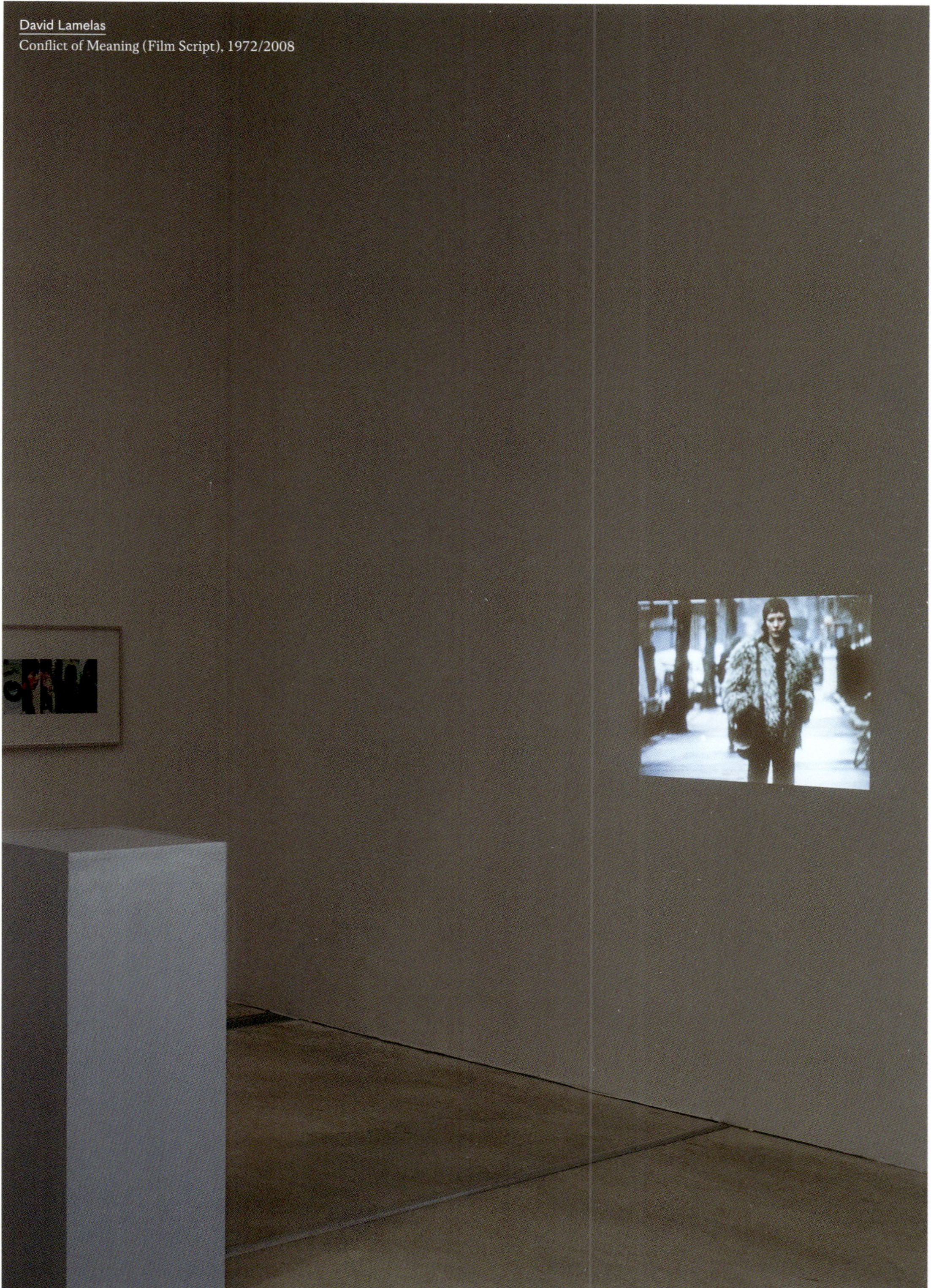

David Lamelas
Conflict of Meaning (Film Script), 1972/2008

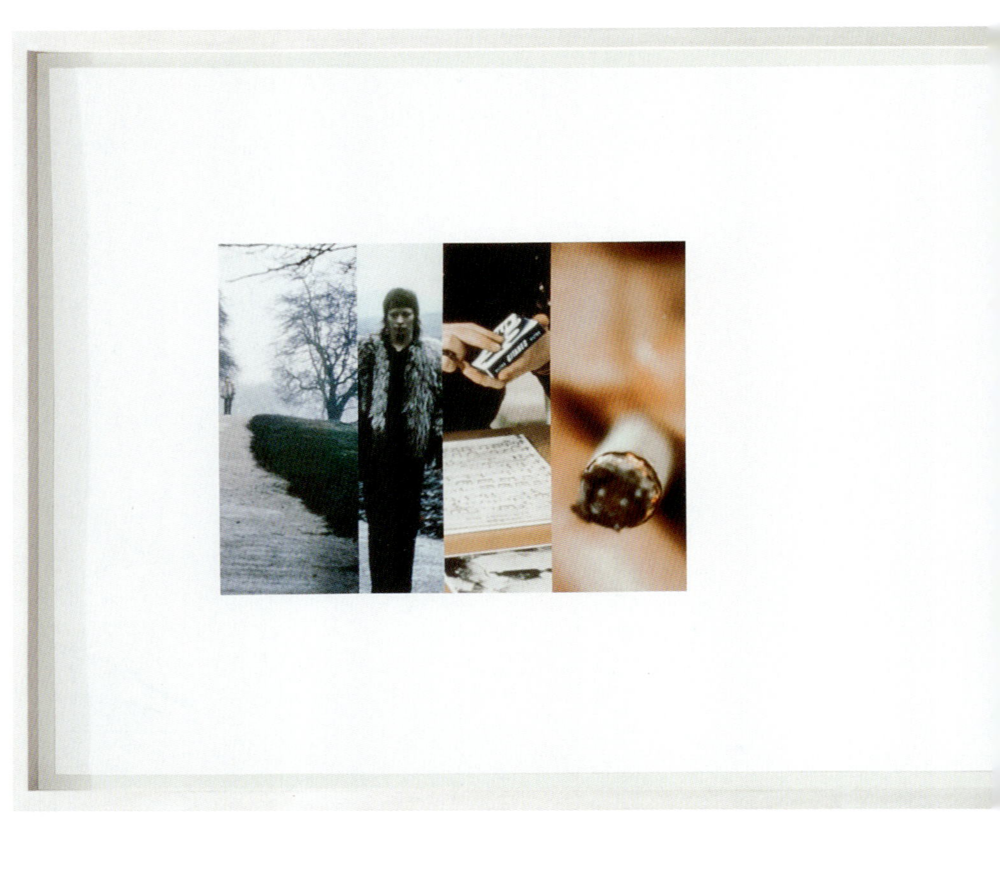

David Lamelas
Conflict of Meaning (Film Script), 1972/2008

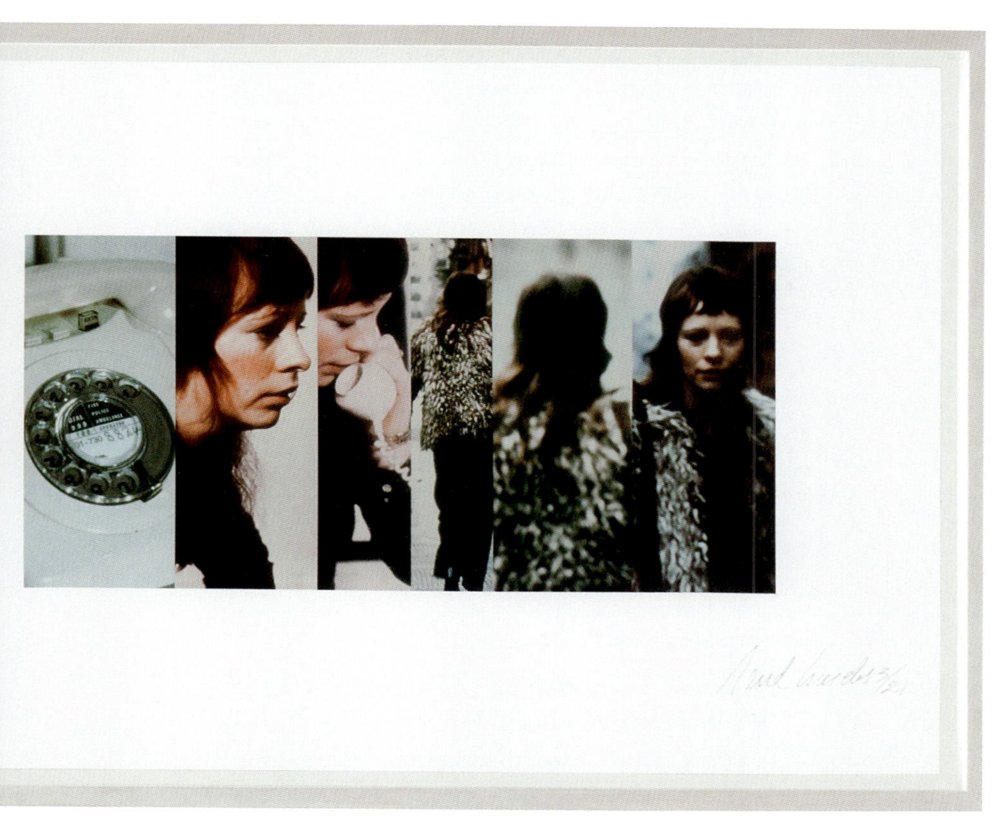

Bernadette Corporation
EXT. At the base of the volcano., 2007
EXT. Loveparade, Berlin – day., 2007

EXT. At the base of a volcano

A bunch of zombies are climbing up trees. Then they are sitting in the branches on top, swaying in the wind, laughing and chattering like a bunch of crows. A helicopter flies over and sprays Napalm on them. They all start peeing on themselves, a reflex responmse, and douse the flames. The slightly-toasted zombies howl in rage at the helicopter, like baboons. One of them (Roberto) XXXXXX throws a coconut at the copter's roters. The force splits the blades and knocks the machine out of the sky. The zombies become silent. Praying? Meditating?

EXT. Loveparade, Berlin – day

A mass public festival celebrating electronic dance music. One or two hundred thousand middle class proles from Germany, Holland, and Poland drinking beer im a park, popping teneuro speedy ecstasy pills, and gawkin at the occasional spandex lace fishnet disco girl. There are ten men for every wman and the vibe is hardly gay. At some points the crowd is so thick that no one can move. Synthesizer beats fart at great decibels from ten ton trucks. People are passed out in the bushes It's woodstock without hippies, just horny farmboys. Roberto thinks about his lovelife, pops an E, and dances al ne

Bernadette Corporation
Flight XXX – 000., 2007
INT. The chat room – night., 2007

Flight XXX-000

Movei-dinner-movie-snack-movie. A jet fighter escort once over US airspace. All flights from Europe are being diverted to Canada and Mexico. Because of plague. Weird shit happens, one jet escort shoots down the other and then the pilot hits his eject button. The airline pilots start telling "Your Mama" jokes over the loudspeakers, sound of struggle from the cockpit. Roberto notices a glassy-eyed stewardess lock herself in the bathroom. She is moaning inside and smoking cigarettes. He KNOWS she is becoming a zombie and he chooses to knock on the door. She lets him in.

XXXX INT. The chat room - night

The Chat Room is an exclusive perverts club where humans sit in darkened opera-style boxes and watch someone try to fuck a zombie on stage without getting bit. It's like gladiator Roman cruelty. The audience chats with itself through Blackberry devices. They cyber, exchange zombie info, rumors, like how they are burning zombies and using the ashes for fertilizer in Florida golf course greens. Or a recent study XXX where a zombie in a lab was fed a pork chop and another zombie in a lab fifty miles away started to salivate. Then the power goes out and zombie cops raid the club.

Sonja Gangl
THE END_1010001_16:9, 2011

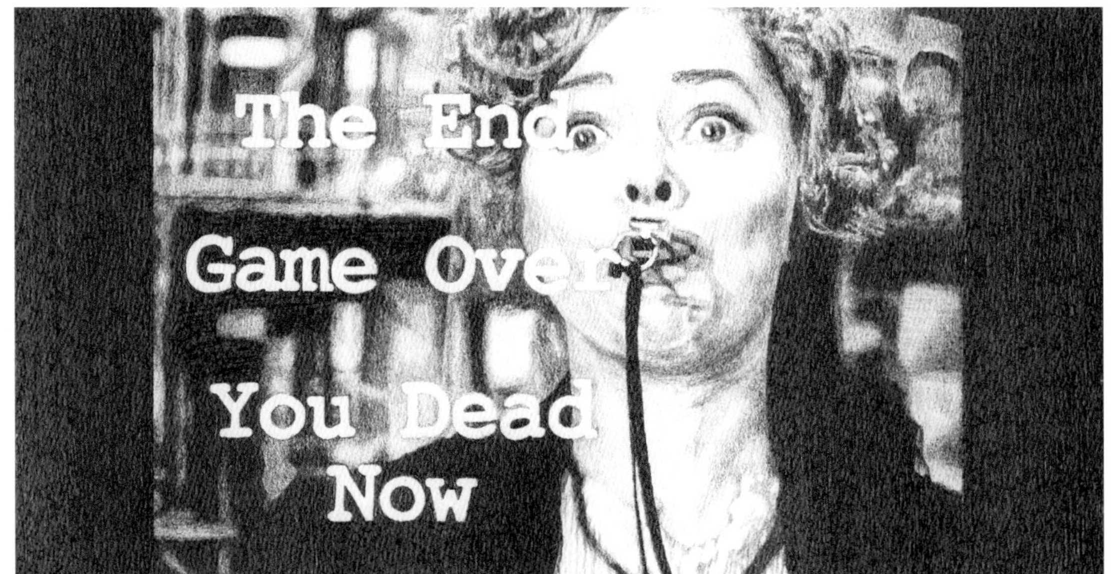

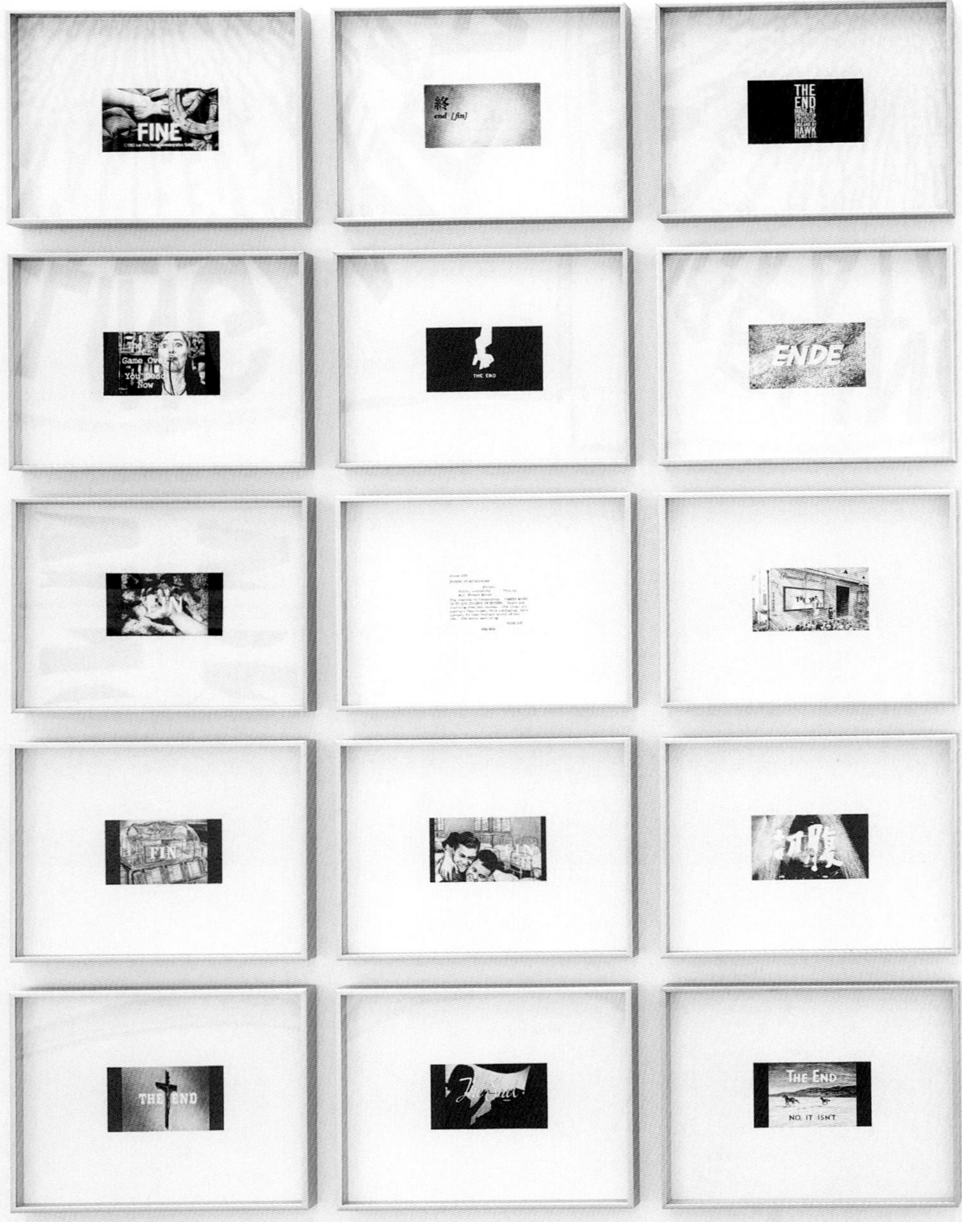
FINE
end [fin]
THE END
THE END
ENDE
FIN
THE END
The End
NO. IT ISN'T

Sonja Gangl
THE END_1001101_16:9, 2011
THE END_100101_16:9, 2009
THE END_111100_16:9, 2010
THE END_1010001_16:9, 2011
THE END_101101_16:9, 2009
THE END_11001_16:9, 2007
THE END_110010_16:9, 2009
THE END_1011010_16:9, 2012
THE END_1011000_16:9, 2011
THE END_1010010_16:9, 2011
THE END_1001100_16:9, 2011
THE END_1011100_16:9, 2012
THE END_1011011_16:9, 2012
THE END_1000111_16:9, 2011
THE END_101110_16:9, 2009

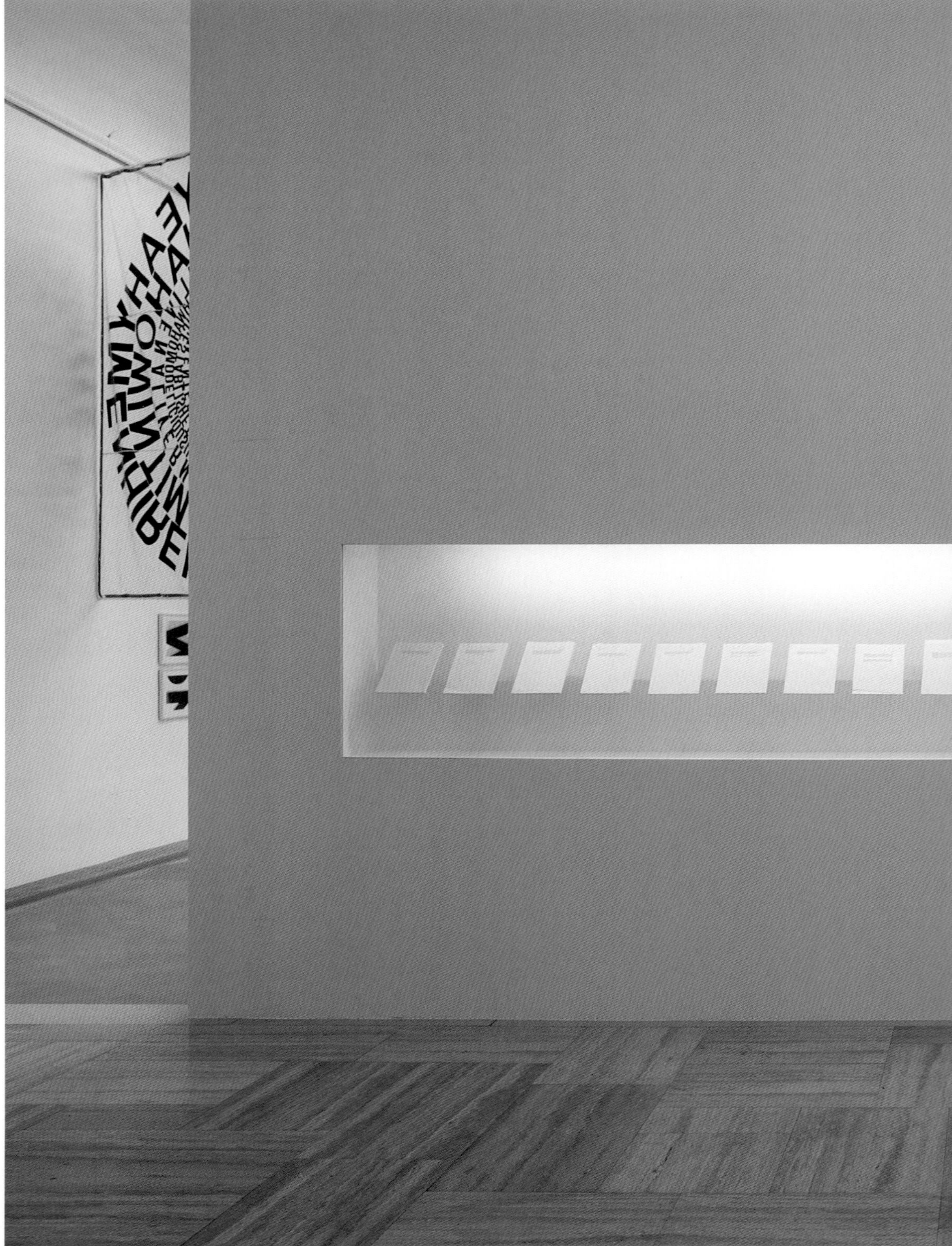

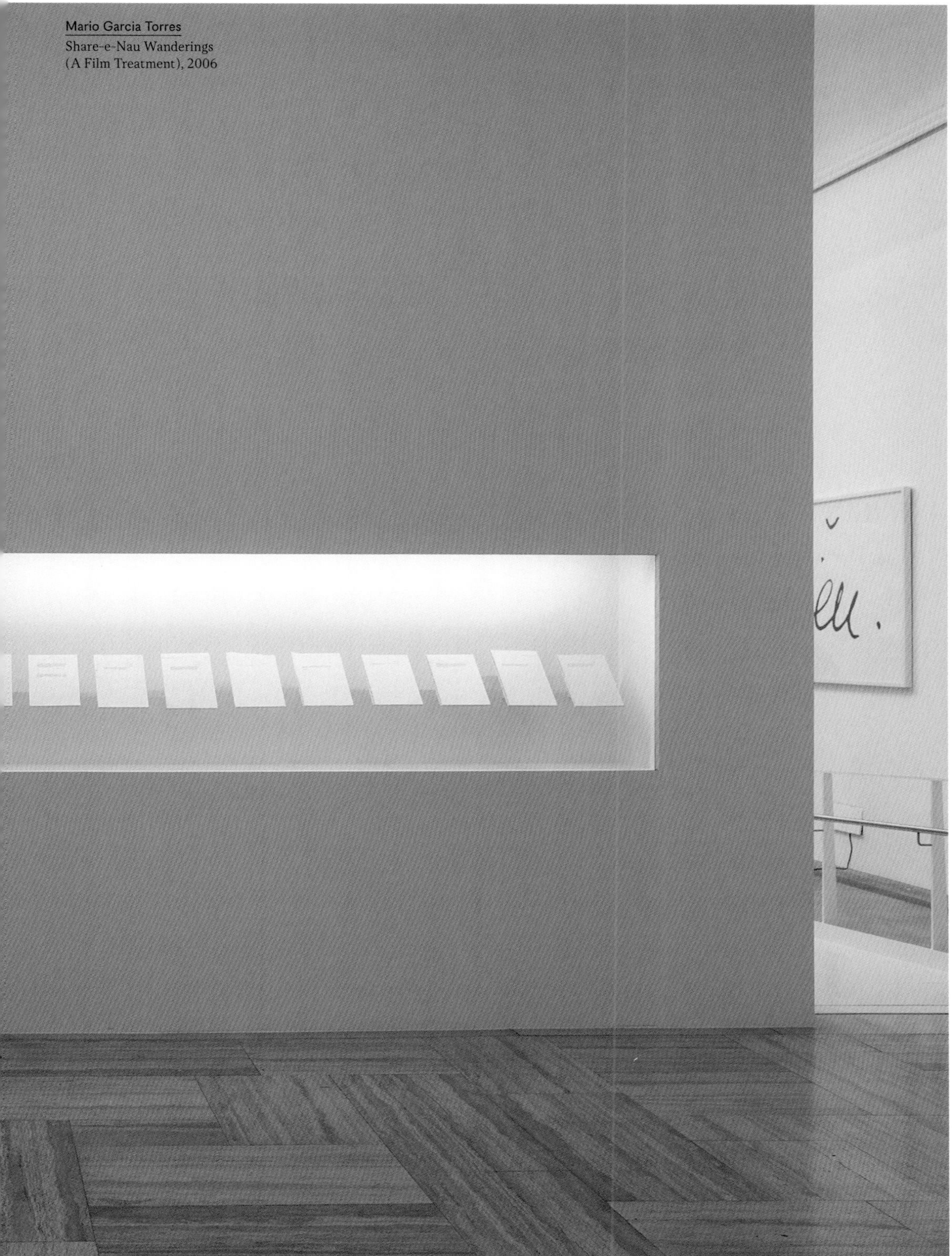

Mario Garcia Torres
Share-e-Nau Wanderings
(A Film Treatment), 2006

Dec 14, 2001

Mario Garcia Torres
Share-e-Nau Wanderings
(A Film Treatment), 2006

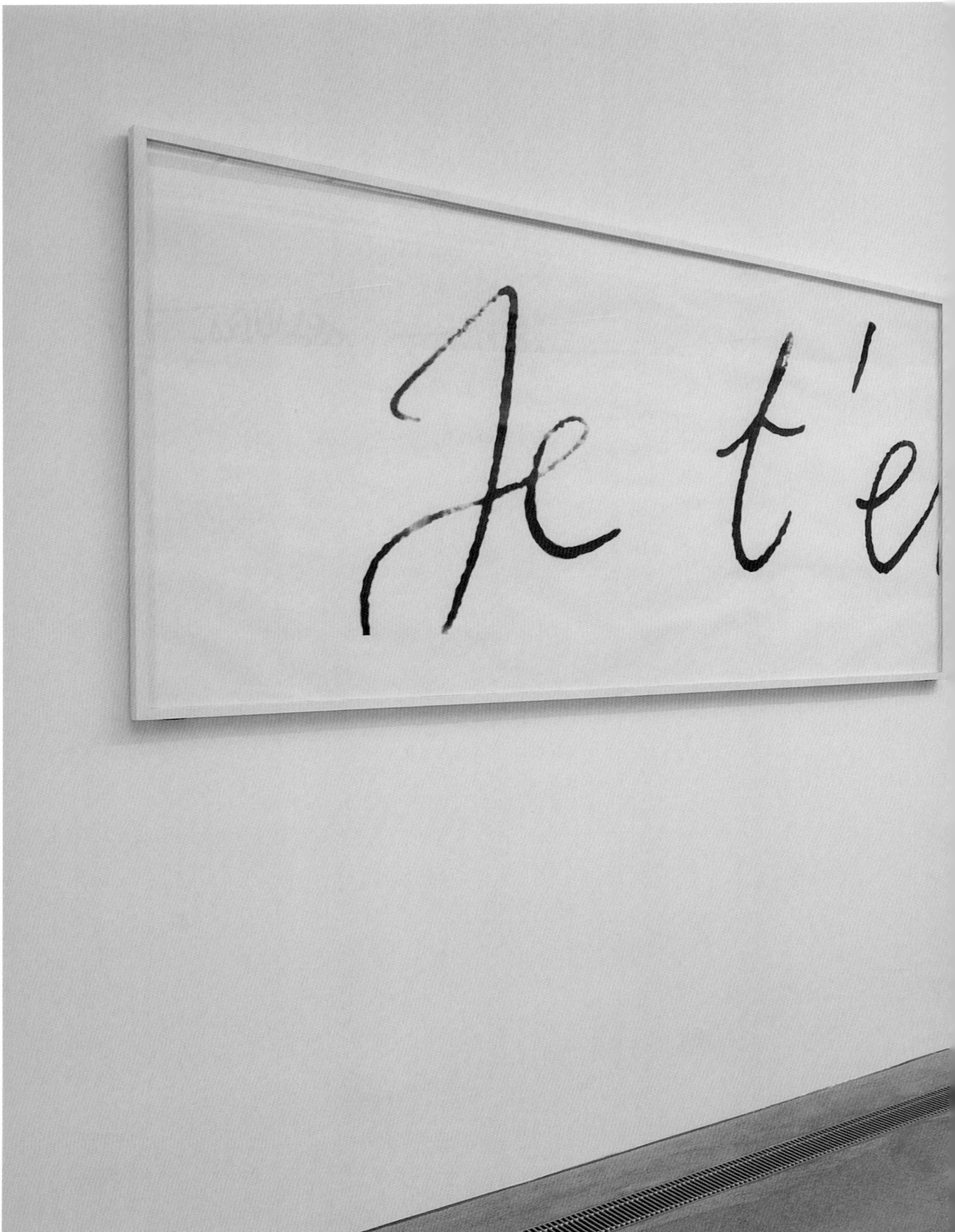

Je t'e

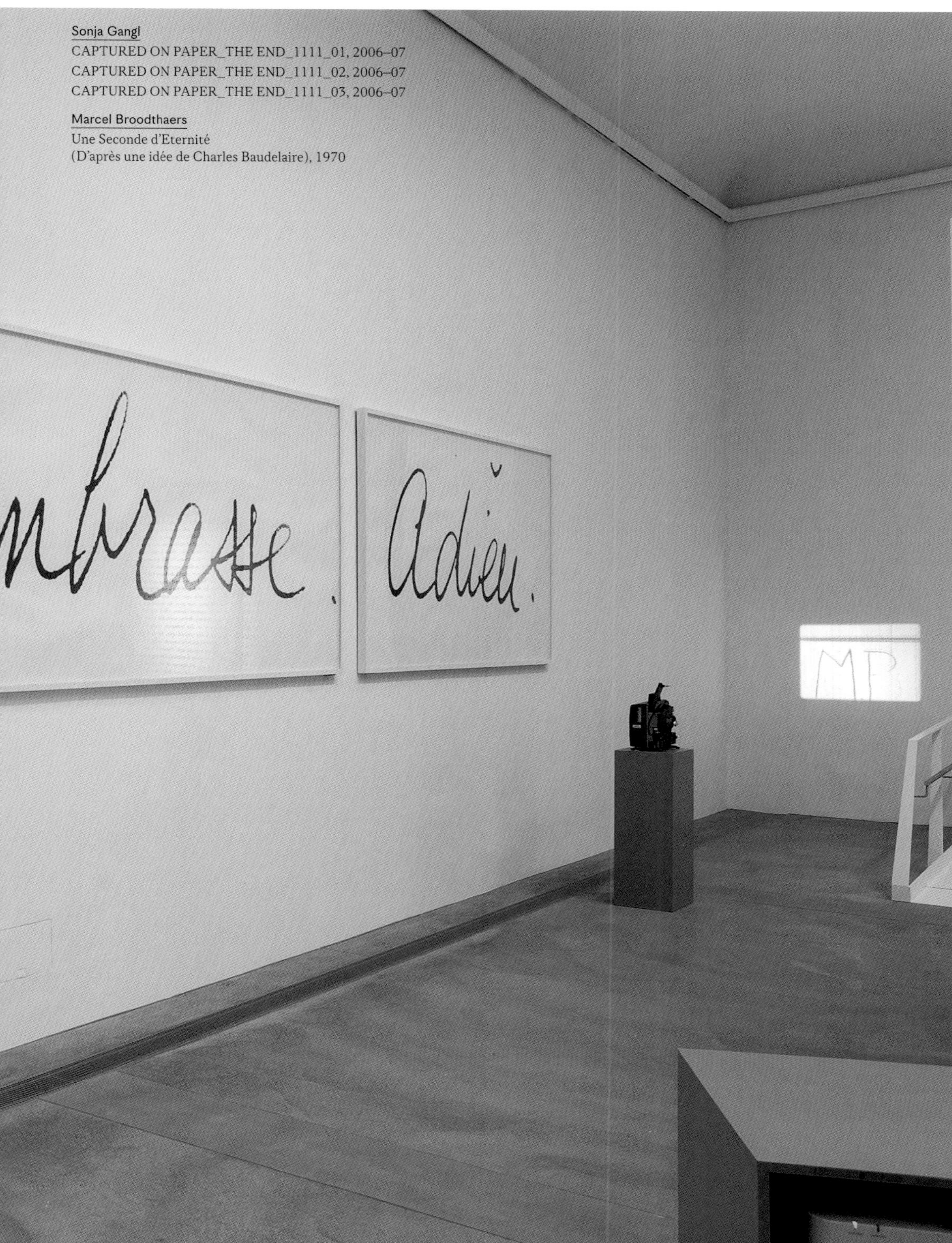

Sonja Gangl
CAPTURED ON PAPER_THE END_1111_01, 2006–07
CAPTURED ON PAPER_THE END_1111_02, 2006–07
CAPTURED ON PAPER_THE END_1111_03, 2006–07

Marcel Broodthaers
Une Seconde d'Eternité
(D'après une idée de Charles Baudelaire), 1970

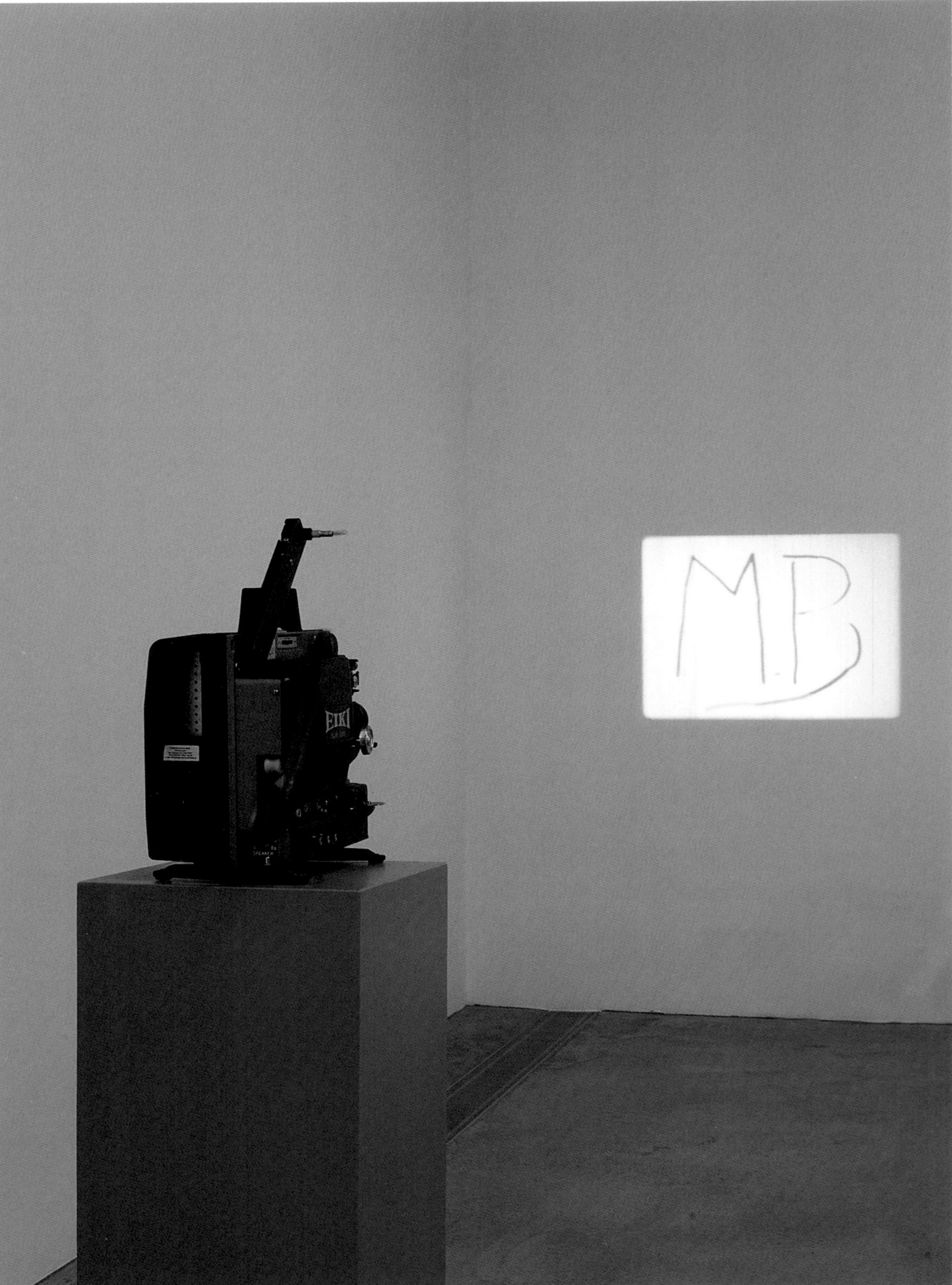
MB
EIKI

Marcel Broodthaers

Une Seconde d'Eternité
(D'après une idée de Charles Baudelaire), 1970

Maria Meinild
Curtain, 2012

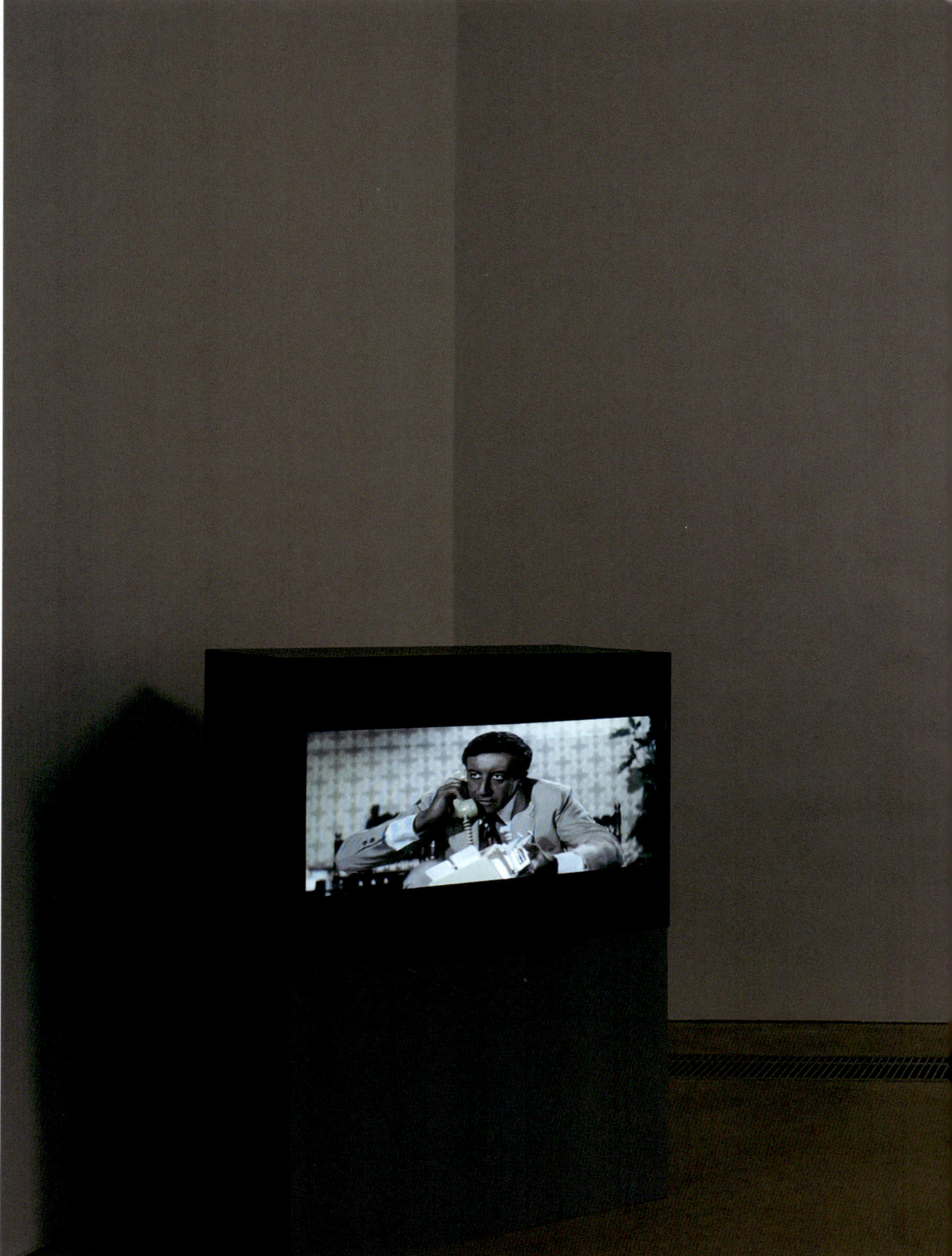

Pierre Bismuth
The Party, 1997

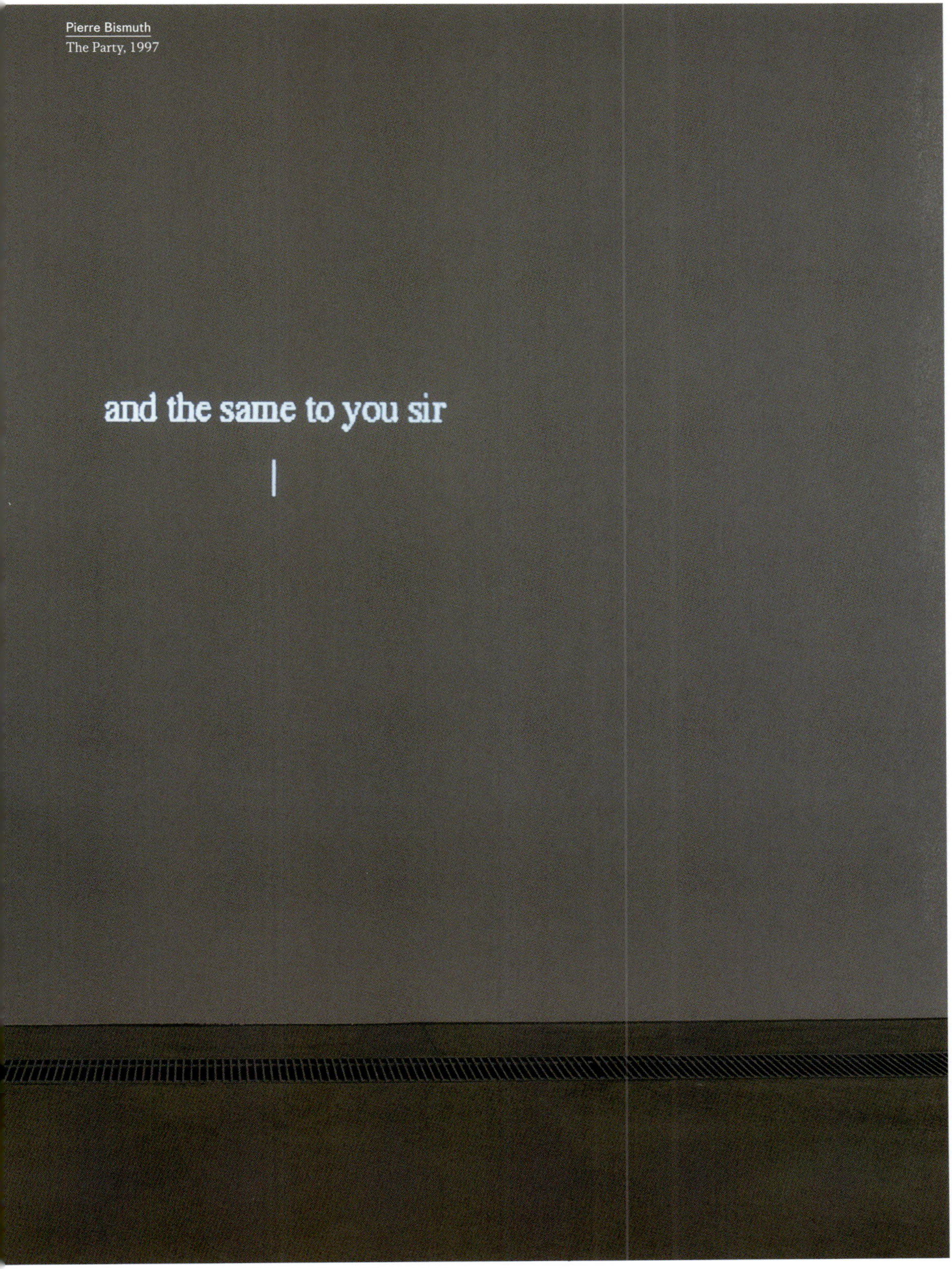

and the same to you sir

subject to mild hallucinations. Some are moral, others are optical, and by none have I profited much. Just before falling asleep, I often become aware of a kind of one-side conversation going on in an adjacent section of my mind, quite independently from the actual trend of my thoughts. It is neutral, detached, anonymous voice, which I catch saying words of no importance to me. The silly phenomenon seems to be the auditory counterpart of certain praedormitary visions, which I also know well. What I mean is not the bright mental image conjured up by a wing-stroke of the will; that is one of the bravest moments a human spirit can make. Nor I am alluding shadows cast upon the retinal rods by motes in the vitreous humor, which are seen as transparent thready drifting across the visual field. Perhaps nearer to the hypnagogic mirages I am thinking of is the colored spot, the stab of an afterimage, with which the lamp one had just turned off wounds the eyelids night. However, a shock of this sort is not really a necessary starting point for the slow, steady development of the visions that pass before my closed eyes. They come and go, without the drowsy observer's participation, but are essentially different from dream pictures for he is still master of his senses. They are often grotesque. At times, however, my perceptions take on a rather soothing flow quality, and then I see - projected, as it were, upon the inside of the eyelid - gray figures walking between beehives, or small black parrots gradually vanishing among mountain snows, or a mauve remoteness melting beyond moving masts. All this is as it should be according to the theory

Rosa Barba

The Personal Experience
Behind its Description, 2009

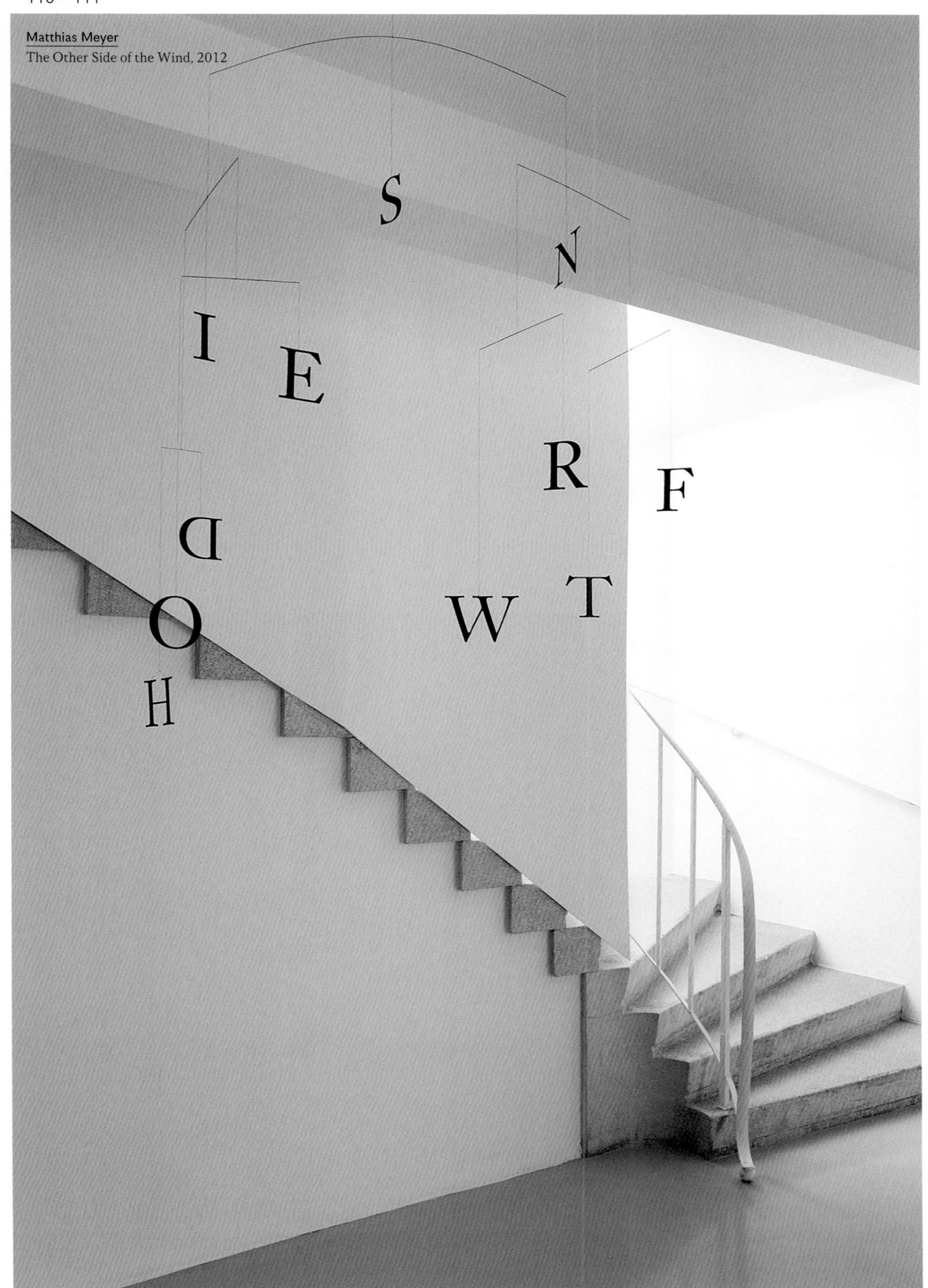

Matthias Meyer
The Other Side of the Wind, 2012

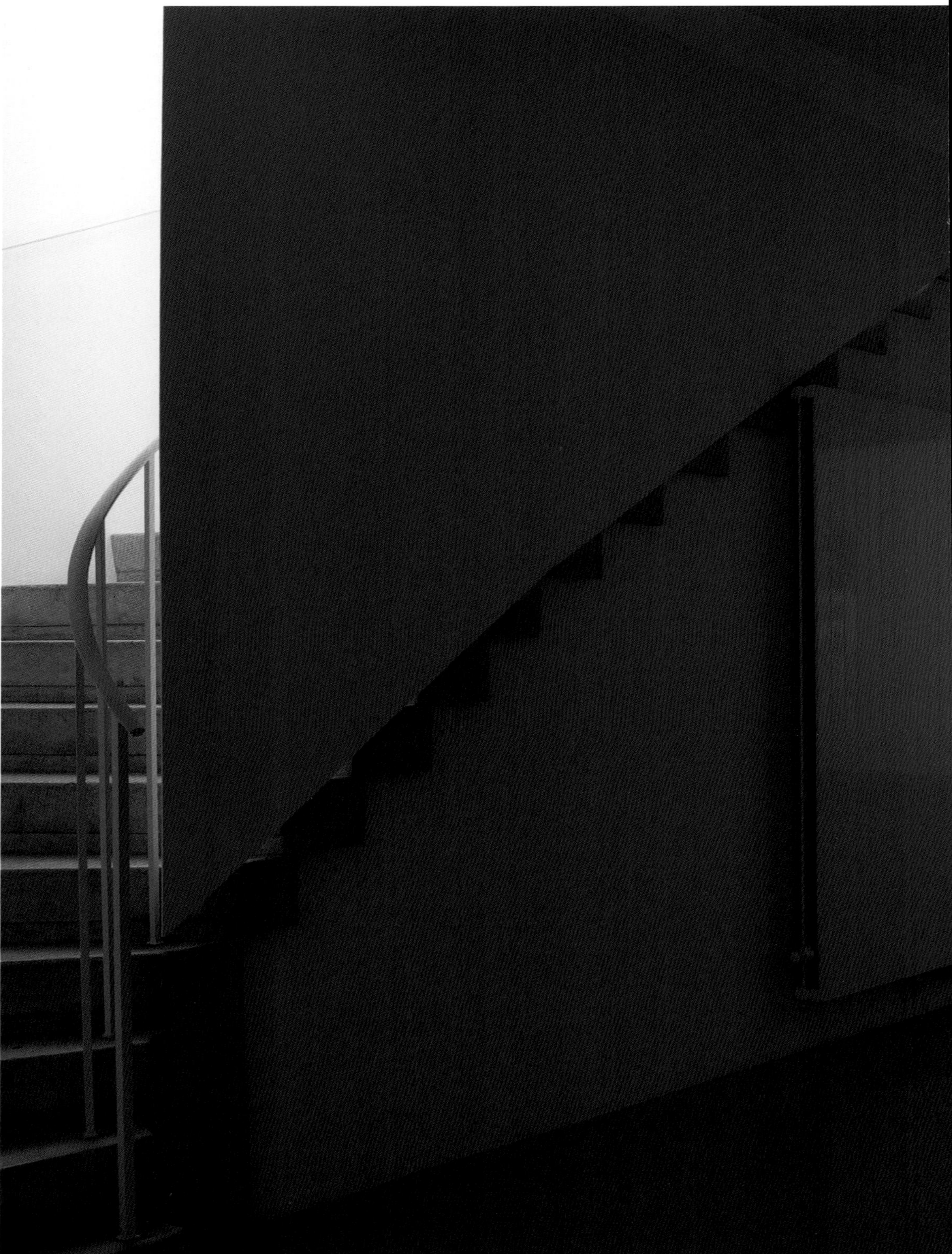

Frances Stark
My Best Thing, 2011

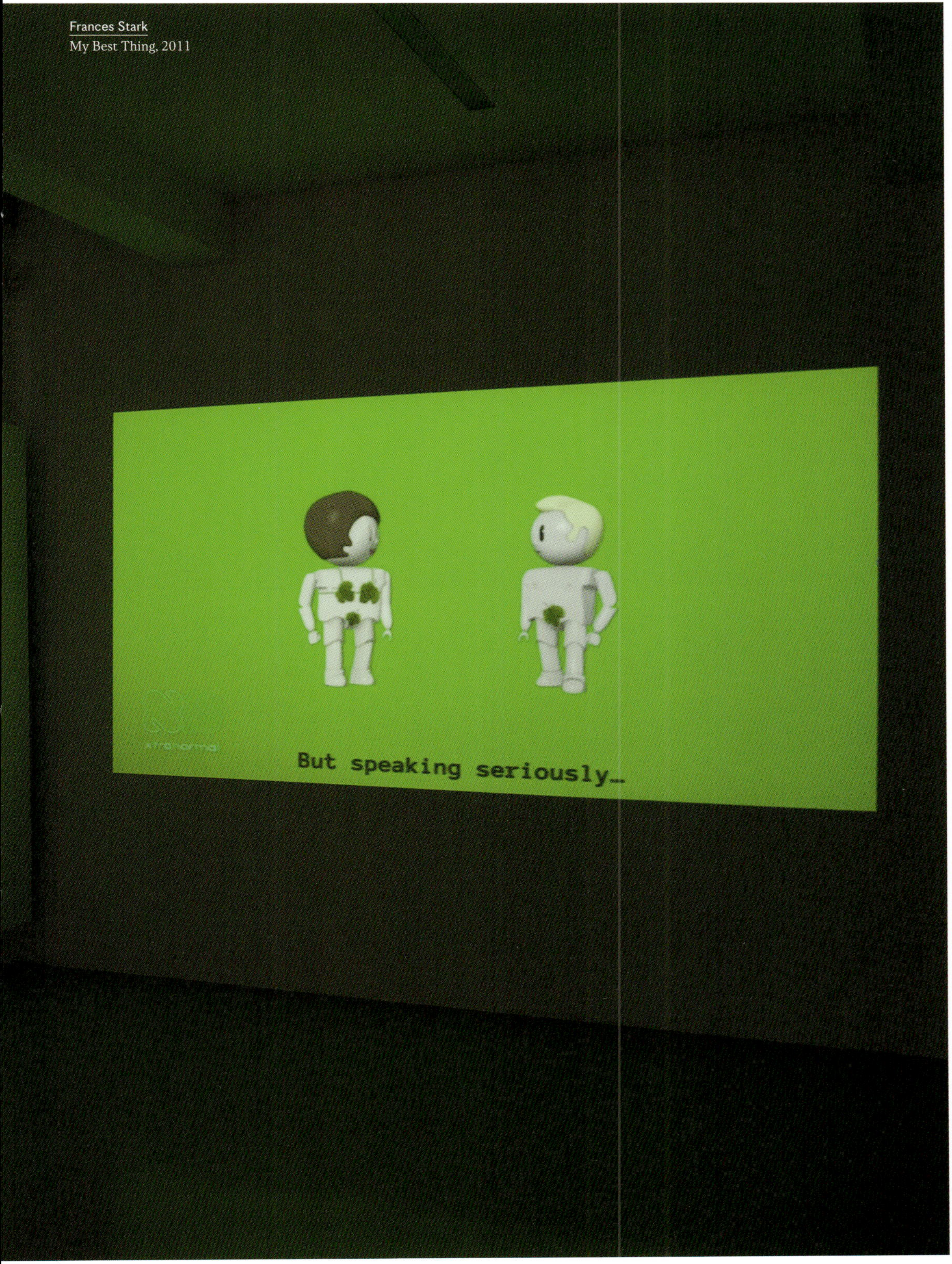

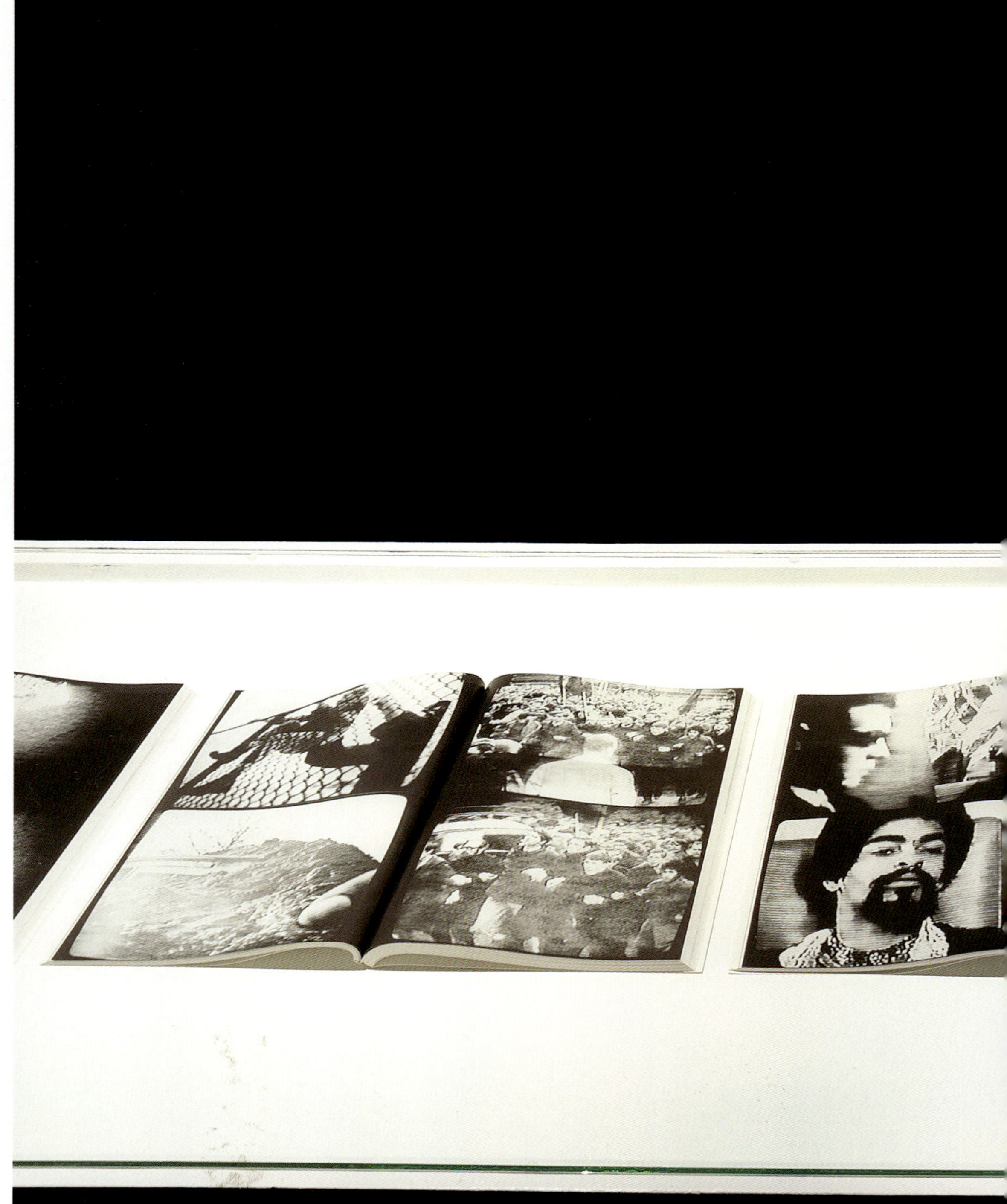

Renée Green
Partially Buried, 1997

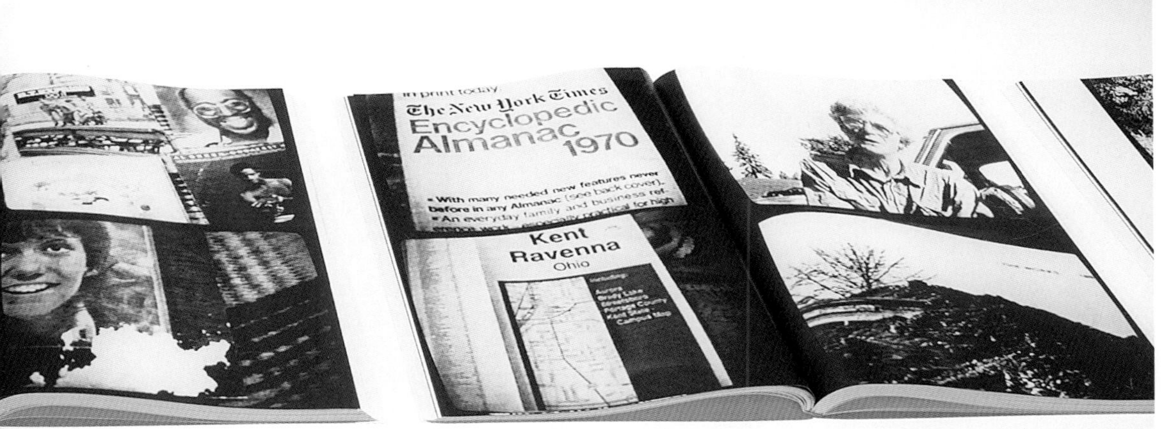

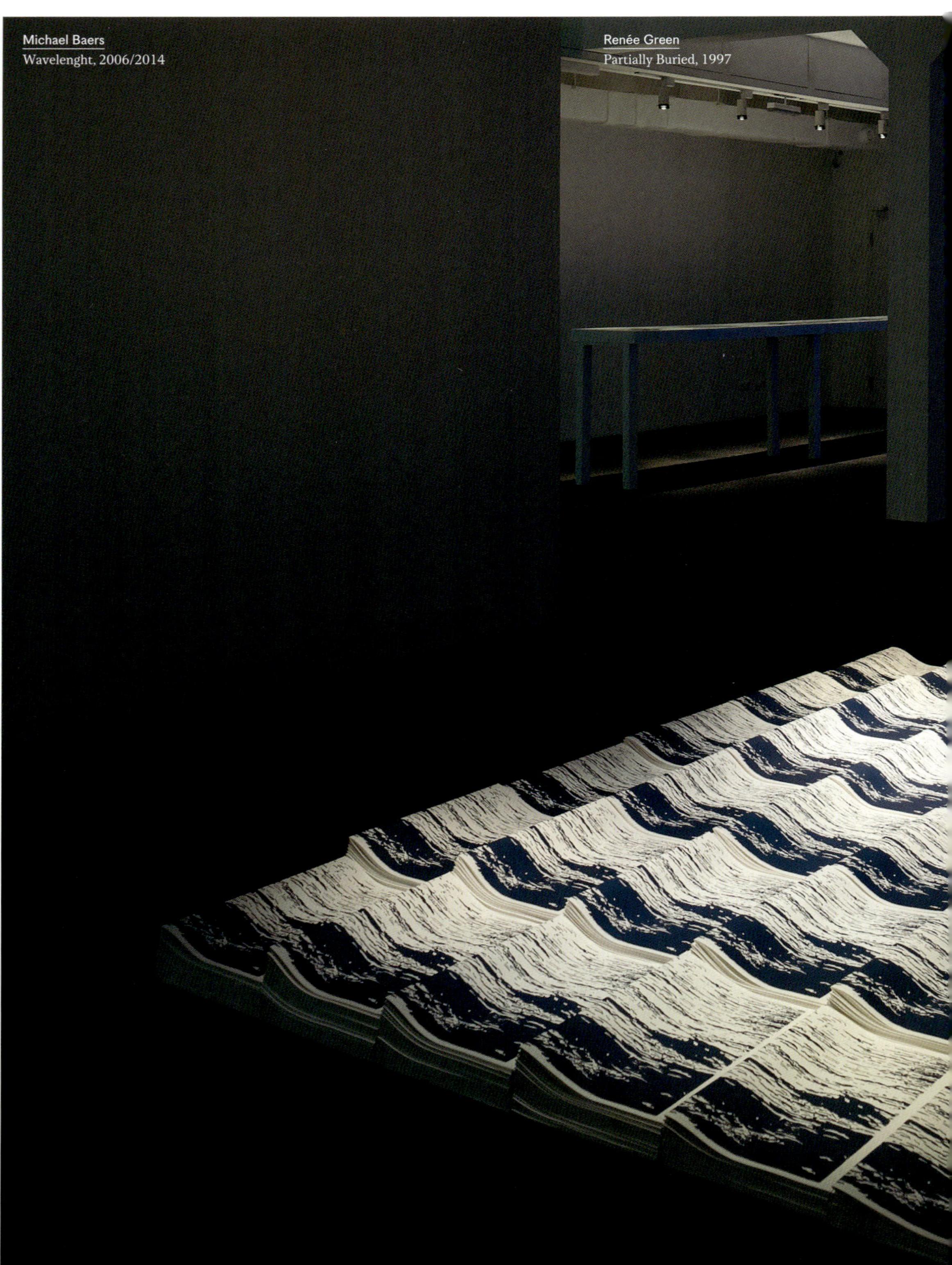

Michael Baers
Wavelenght, 2006/2014

Renée Green
Partially Buried, 1997

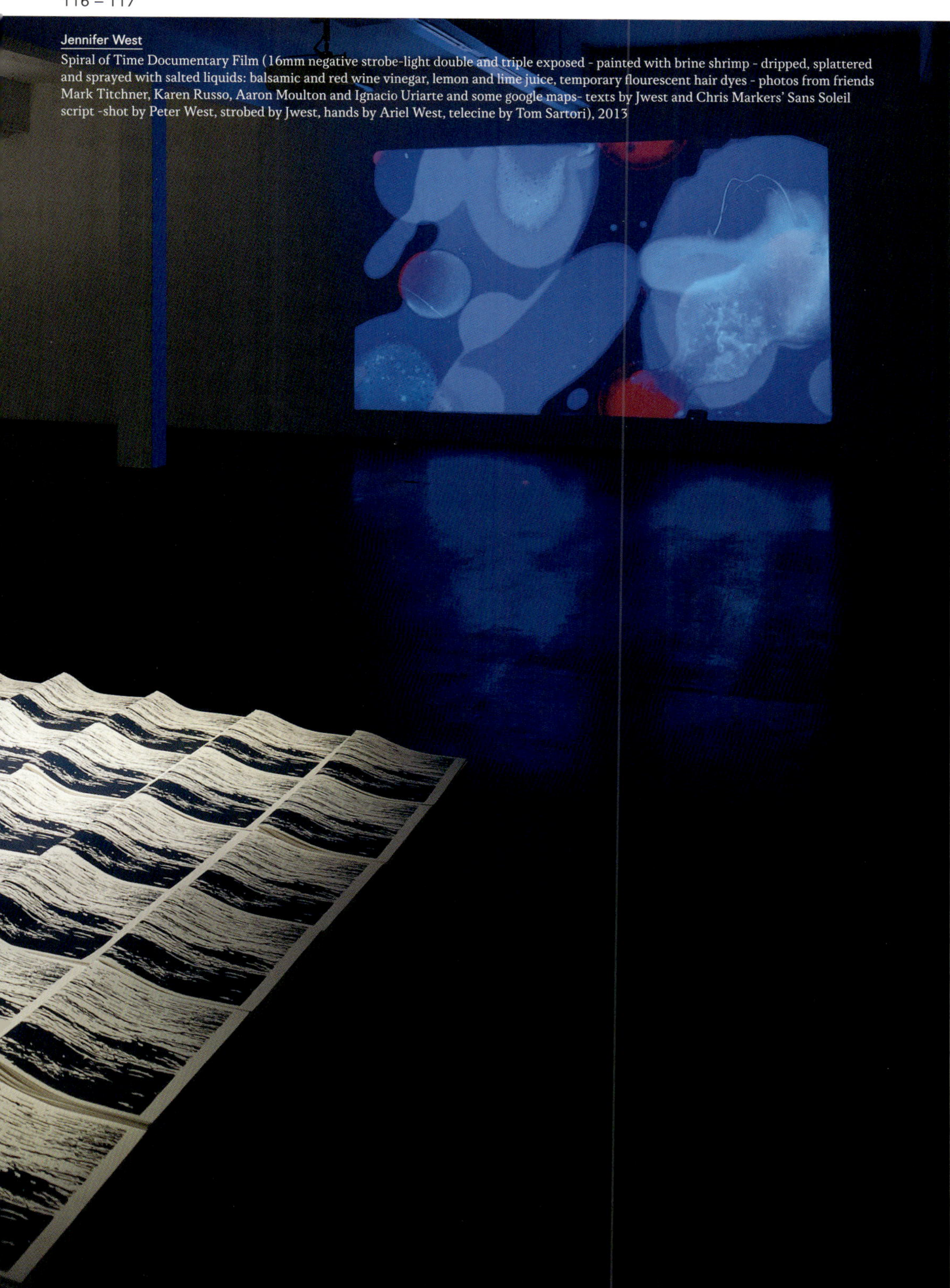

Jennifer West

Spiral of Time Documentary Film (16mm negative strobe-light double and triple exposed - painted with brine shrimp - dripped, splattered and sprayed with salted liquids: balsamic and red wine vinegar, lemon and lime juice, temporary flourescent hair dyes - photos from friends Mark Titchner, Karen Russo, Aaron Moulton and Ignacio Uriarte and some google maps- texts by Jwest and Chris Markers' Sans Soleil script -shot by Peter West, strobed by Jwest, hands by Ariel West, telecine by Tom Sartori), 2013

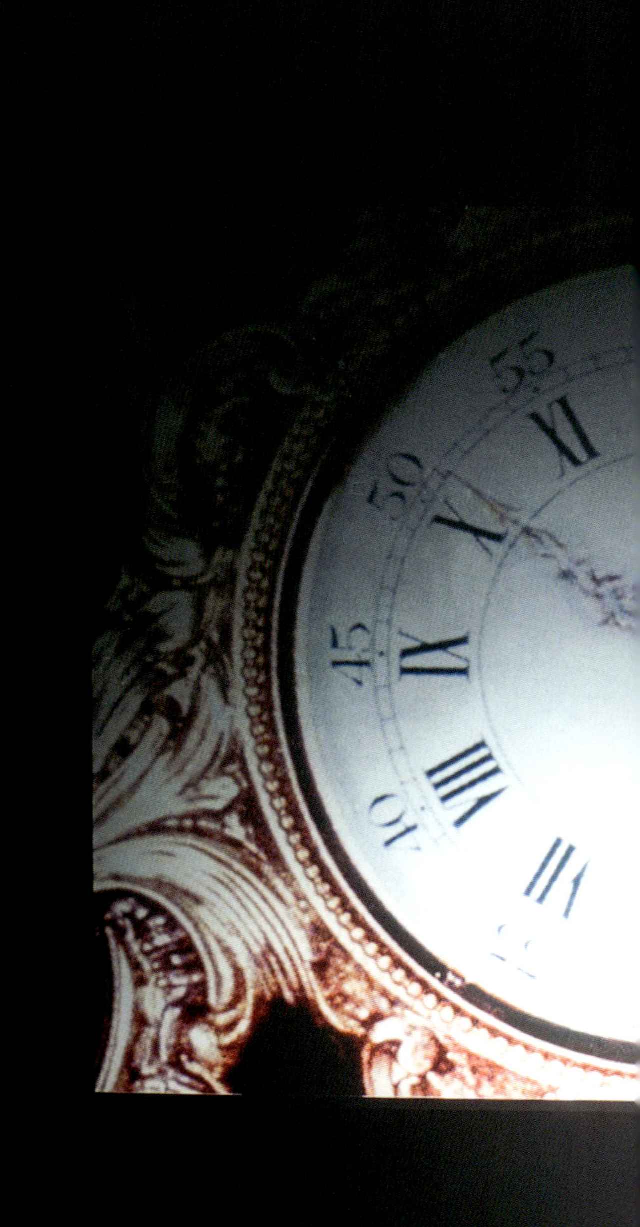

John Smith
Associations, 1975

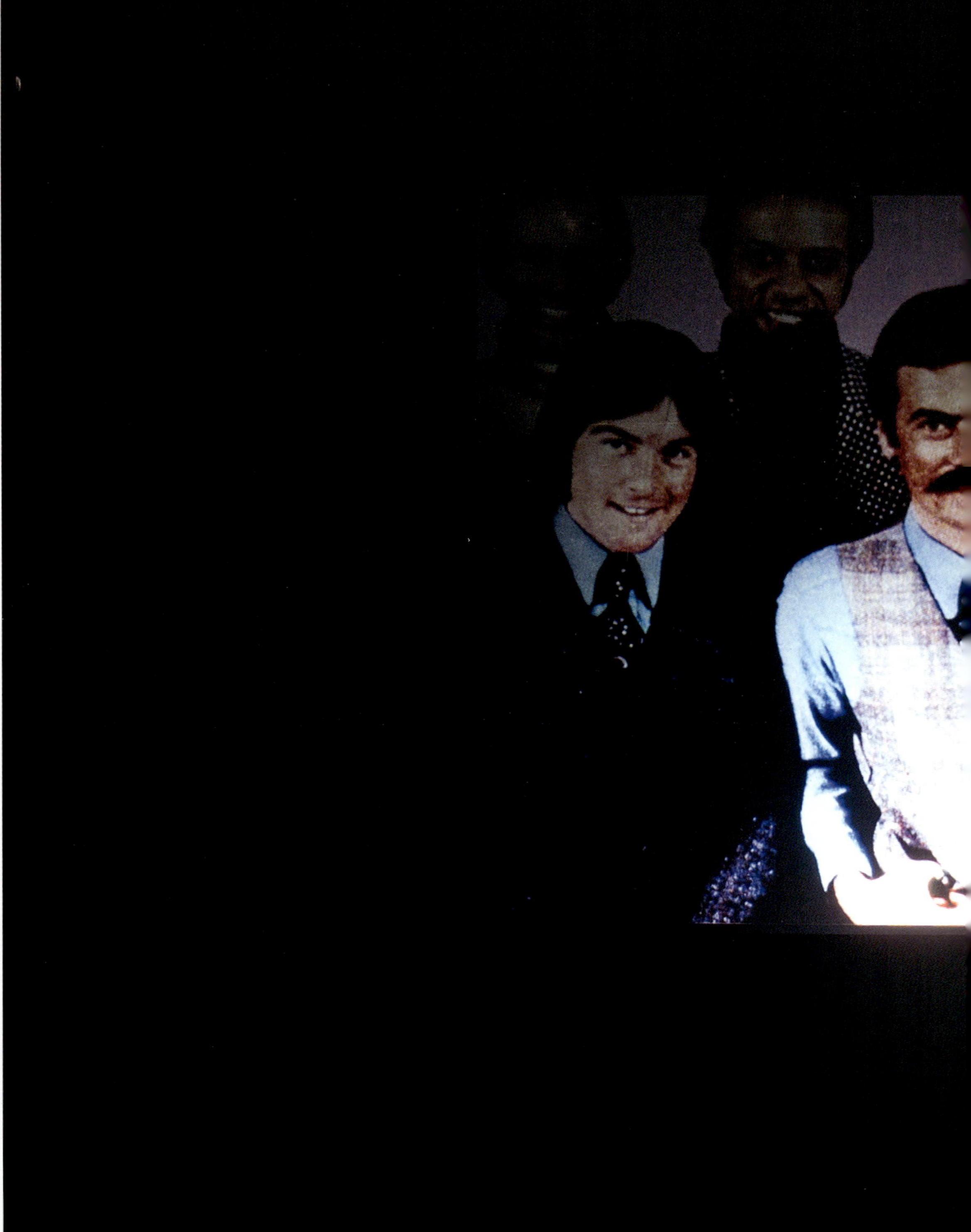

John Smith
Associations, 1975

Owen Land
Remedial Reading Comprehension, 1970

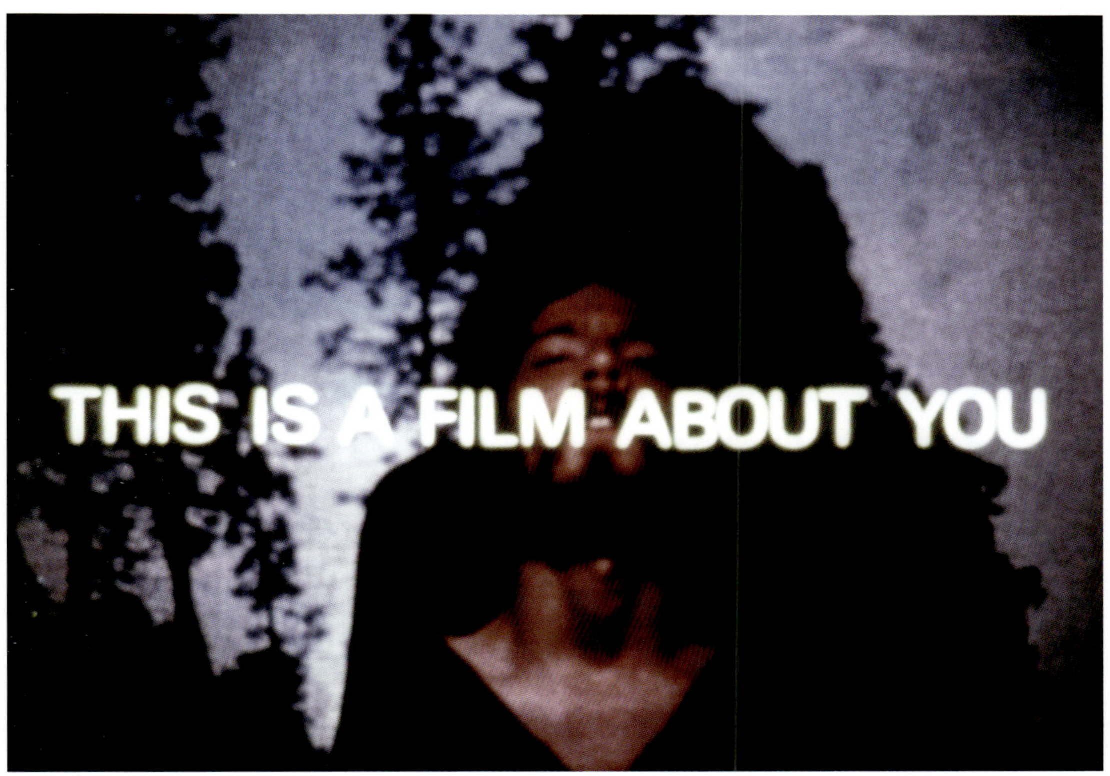

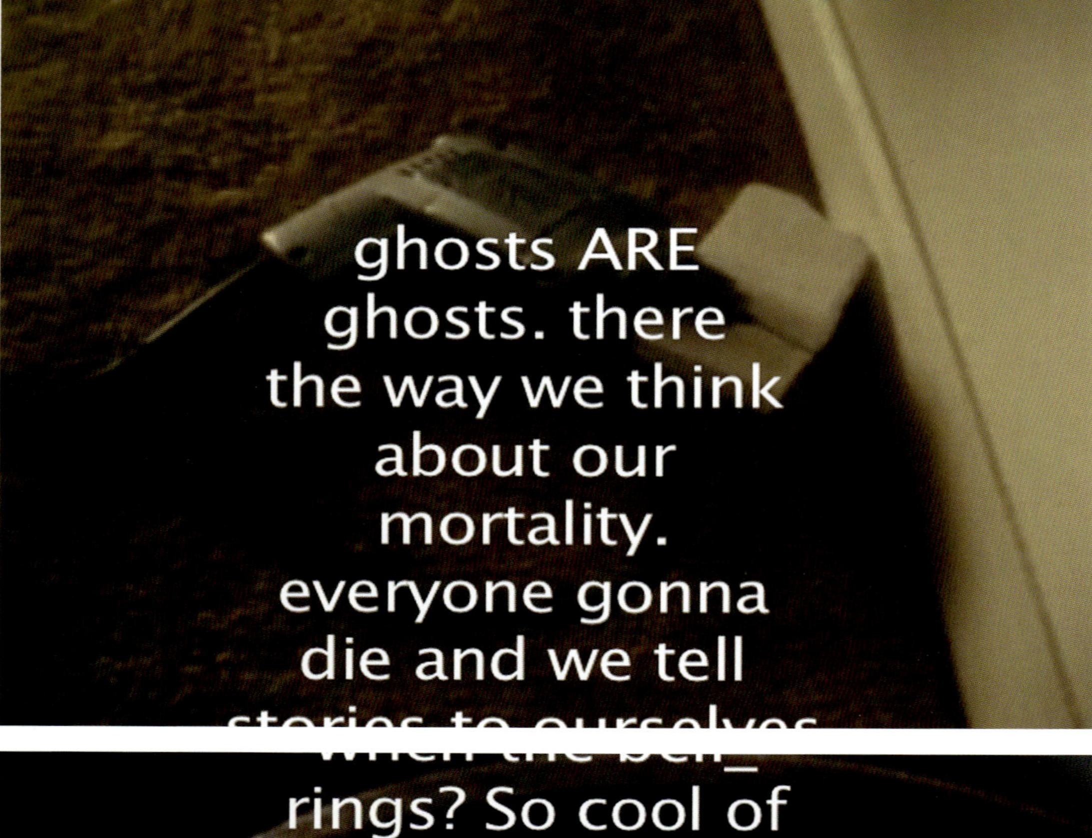

when the bell_
rings? So cool of

i am scared of
everything really.
I don't go outside
anymore and lately
even going from
one room to another
makes me feel
physically sick. I am

Stephanie Barber
Tatum's Ghost, 2011

Takahiko Iimura
White Calligraphy, Re-Read, 1967/2010

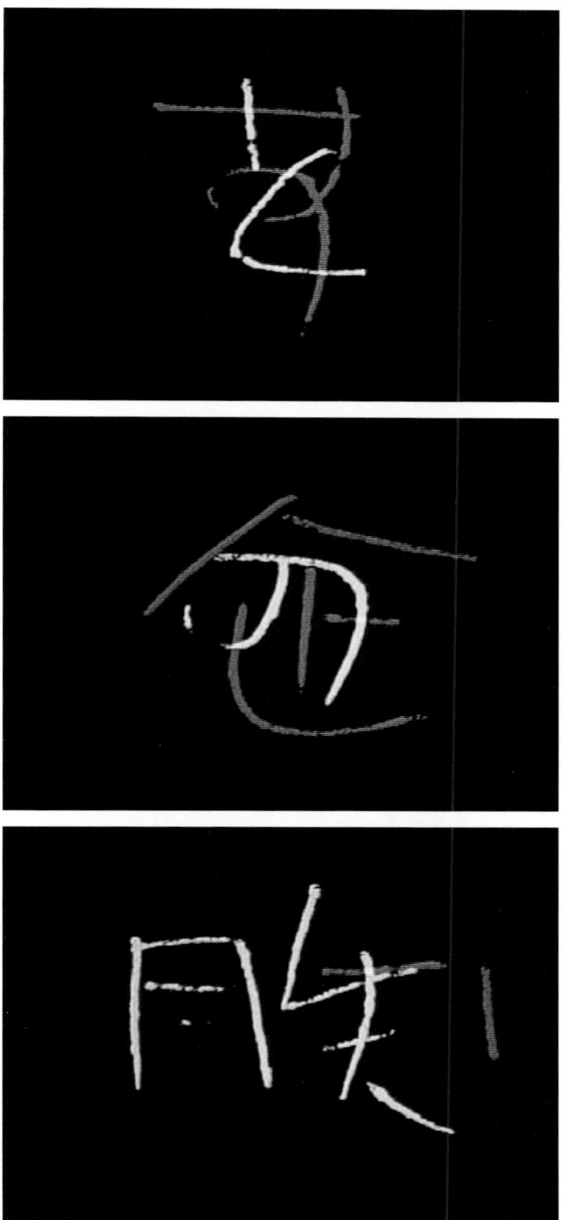

Jeanne Liotta
Dark enough, 2011

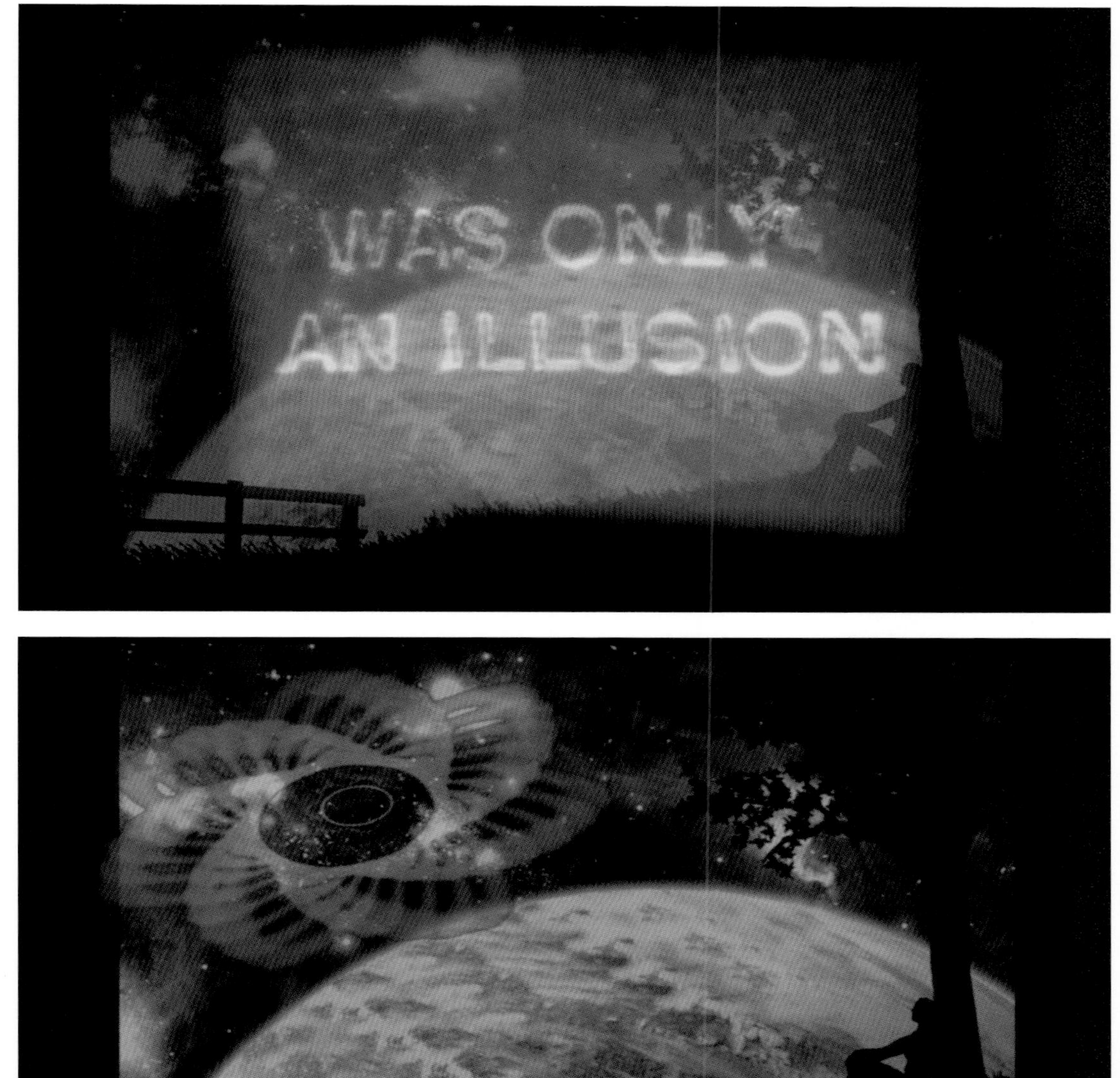

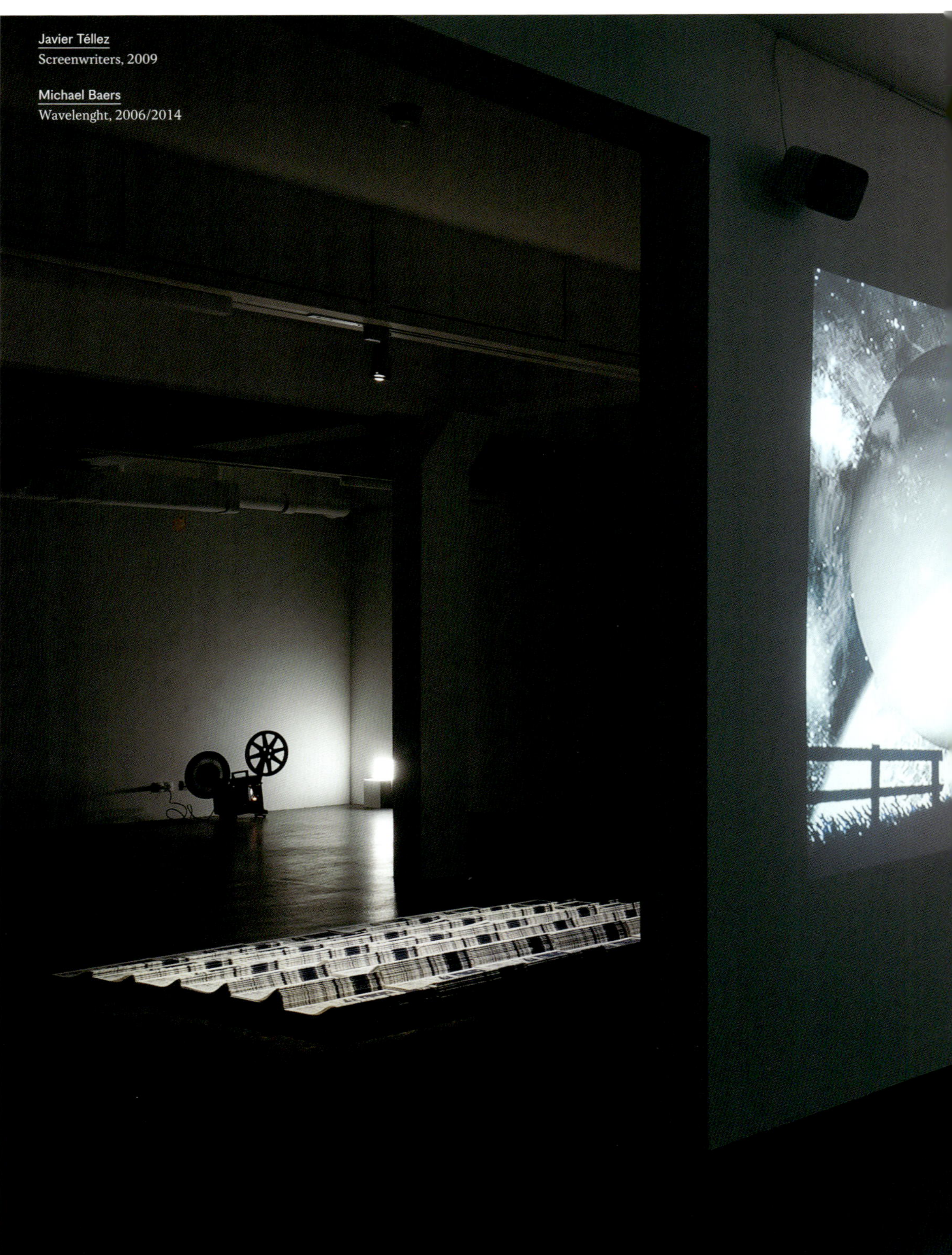

Javier Téllez
Screenwriters, 2009

Michael Baers
Wavelenght, 2006/2014

Jeanne Liotta
Dark enough, 2011

Sonia Leimer
Monkeys and Tigers, 2009/2014

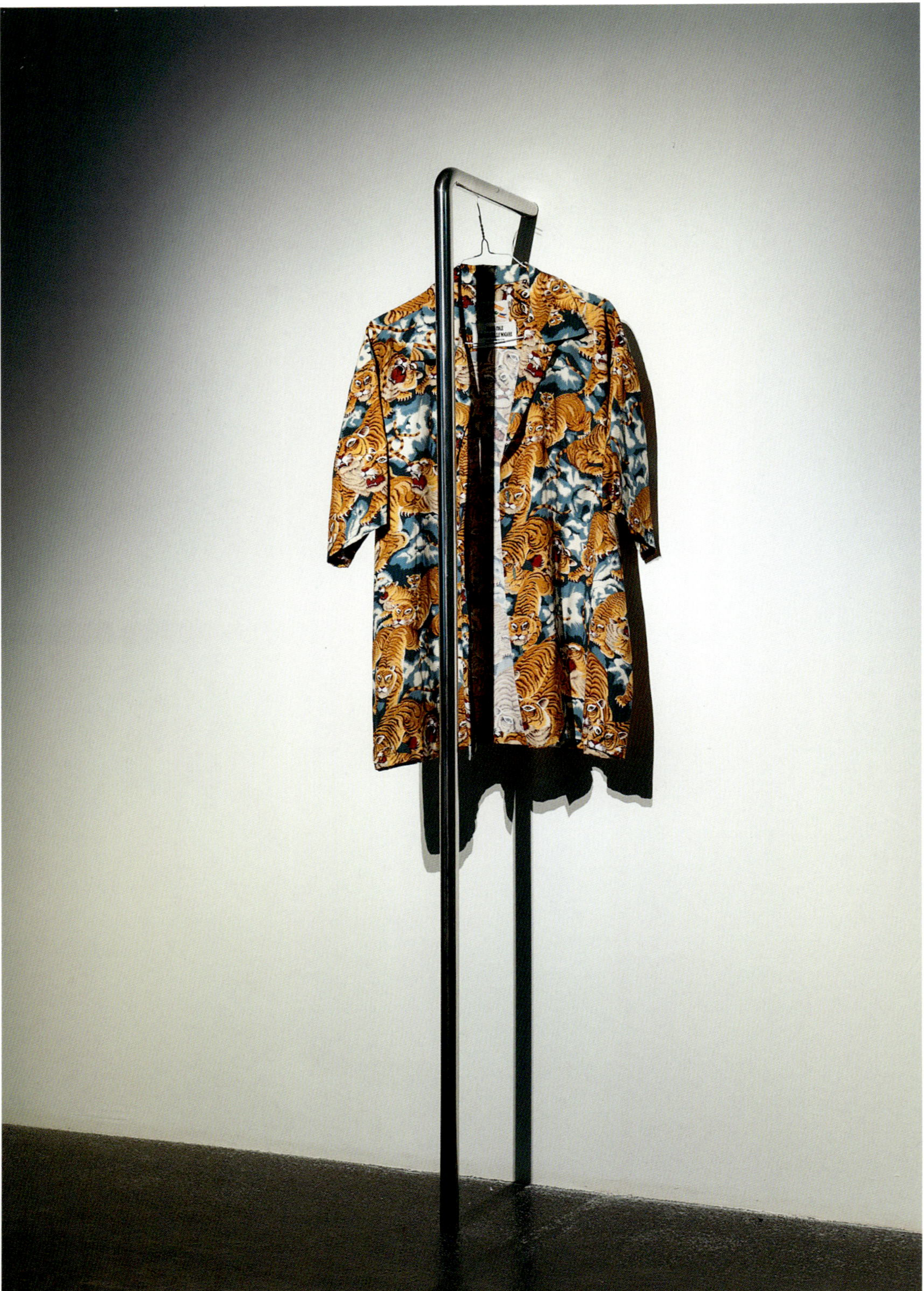

Sonia Leimer
Monkeys and Tigers, 2009/2014

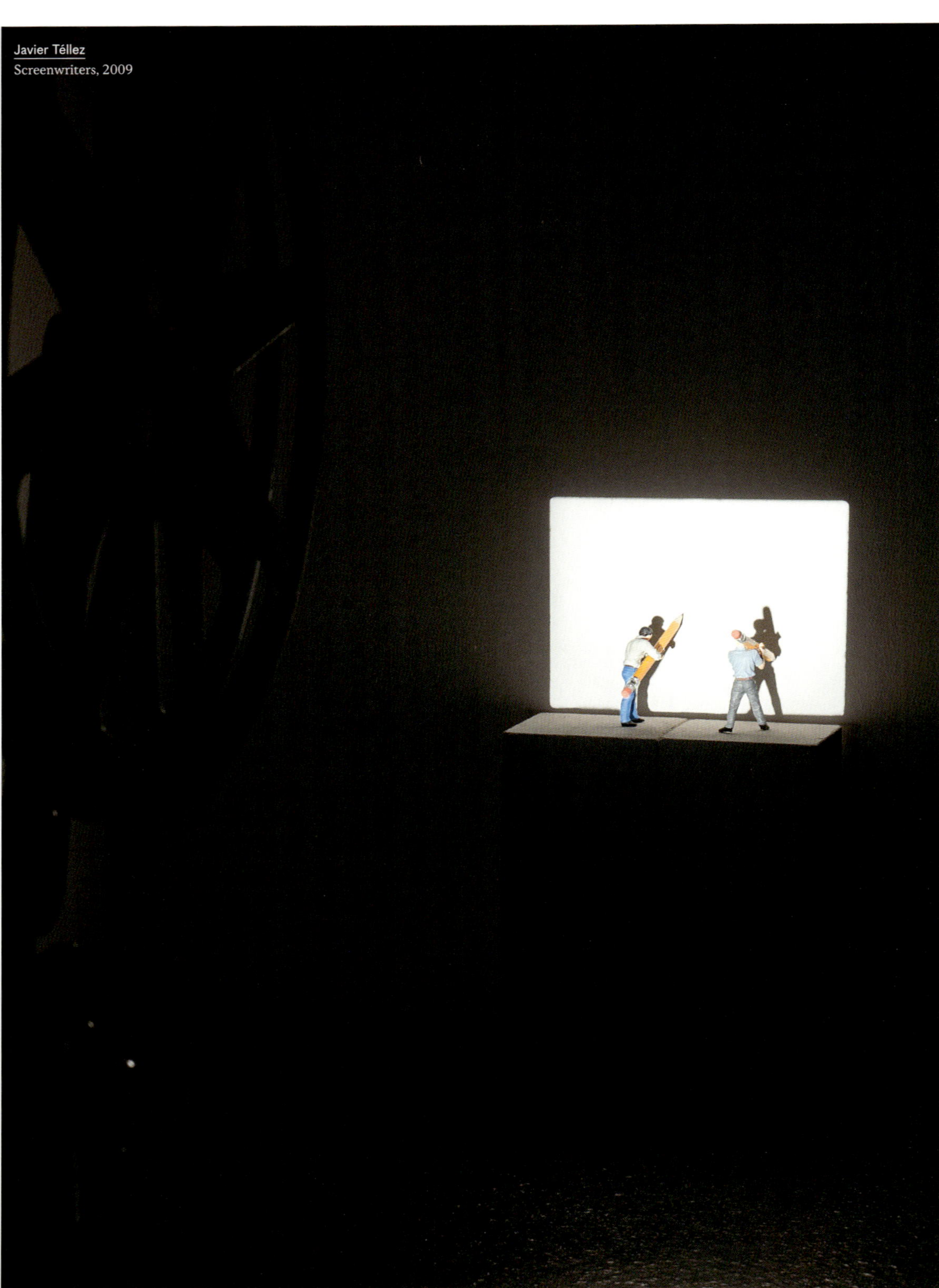

Javier Téllez
Screenwriters, 2009

Künstlerlnnen / Artists
Werkliste / Work list

Michael Baers

Wavelenght, 2006/2014
1.000 Comichefte / 1,000 comics, 44 Seiten / pages, 42 × 29,7 cm (je / each), Courtesy der Künstler / the artist

Rosa Barba

The Personal Experience Behind its Description, 2009
Textausschnitte auf Filz / cut out text on felt, 450 × 180 cm, Courtesy Galerie Meyer Riegger, Berlin

Stephanie Barber

Tatum's Ghost, 2011
Digital-Video, Farbe, Ton / digital video, colour, sound, 3:48 Min. / min, Courtesy die Künstlerin / the artist

Bernadette Corporation

INT. Hotel Cosmos, Paris – afternoon., 2007
diverse Materialien, gerahmt / diverse materials, framed, 25 × 30 cm, Courtesy die KünstlerInnen und / the artists and Galerie NEU, Berlin

EXT. Loveparade, Berlin – day., 2007
diverse Materialien, gerahmt / diverse materials, framed, 25 × 30 cm, Courtesy die KünstlerInnen und / the artists and Galerie NEU, Berlin

Flight XXX – 000., 2007
diverse Materialien, gerahmt / diverse materials, framed, 25 × 30 cm, Courtesy die KünstlerInnen und / the artists and Galerie NEU, Berlin

INT. The chat room – night., 2007
diverse Materialien, gerahmt / diverse materials, framed, 25 × 30 cm, Courtesy die KünstlerInnen und / the artists and Galerie NEU, Berlin

EXT. At the edge of the suburbs – day., 2007
diverse Materialien, gerahmt / diverse materials, framed, 25 × 30 cm, Courtesy die KünstlerInnen und / the artists and Galerie NEU, Berlin

In-flight movie: Check Mate., 2007
diverse Materialien, gerahmt / diverse materials, framed, 25 × 30 cm, Courtesy die KünstlerInnen und / the artists and Galerie NEU, Berlin

EXT. At the base of the volcano., 2007
diverse Materialien, gerahmt / diverse materials, framed, 25 × 30 cm, Courtesy die KünstlerInnen und / the artists and Galerie NEU, Berlin

Pierre Bismuth

The Party, 1997
2-Kanal-Video, Farbe, Ton / 2-channel video, colour, sound, 95 Min. / min, Courtesy der Künstler und / the artist and Galerie Jan Mot, Brüssel / Brussels, Mexico City

Marcel Broodthaers

Une Seconde d'Eternité (D'après une idée de Charles Baudelaire), 1970
35mm-Film übertragen auf 16mm-Film, S/W / 35mm film transferred to 16mm film, b/w, 1 Sek. / sec, Courtesy Maria Gilissen B., Brüssel / Brussels

Martin Ebner

Film ohne Film, 2013
(nach / after: *Mirror Animations* von / by Harry Smith, 16mm Film, 1957/79, *Shift* von / by Ernie Gehr, 16mm Film, 1972/74, *Sailboat* von / by Joyce Wieland, 16mm Film, 1968), bemaltes Holz / painted wood, 500–700×10×10 cm, Courtesy der Künstler / the artist

Sonja Gangl

CAPTURED ON PAPER_THE END_1111_01, 2006–07
Bleistift auf Papier, gerahmt / pencil on paper, framed, 150×270 cm, Courtesy Sammlung / Collection Wolf

CAPTURED ON PAPER_THE END_1111_02, 2006–07
Bleistift auf Papier, gerahmt / pencil on paper, framed, 150×270 cm, Courtesy Sammlung / Collection Wolf

CAPTURED ON PAPER_THE END_1111_03, 2006–07
Bleistift auf Papier, gerahmt / pencil on paper, framed, 150×270 cm, Courtesy Sammlung / Collection Wolf

THE END_1001101_16:9, 2011
Bleistift auf Büttenpapier, gerahmt / pencil on laid paper, framed, 30×40 cm, Courtesy Privatsammlung, Wien / Private Collection, Vienna

THE END_100101_16:9, 2009
Bleistift auf Büttenpapier, gerahmt / pencil on laid paper, framed, 30×40 cm, Courtesy Sammlung / Collection Stolitzka, Graz

THE END_111100_16:9, 2010
Bleistift auf Büttenpapier, gerahmt / pencil on laid paper, framed, 30×40 cm, Courtesy Galerie Krobath, Wien / Vienna, Berlin

THE END_1010001_16:9, 2011
Bleistift auf Büttenpapier, gerahmt / pencil on laid paper, framed, 30×40 cm, Courtesy die Künstlerin / the artist

THE END_101101_16:9, 2009
Bleistift auf Büttenpapier, gerahmt / pencil on laid paper, framed, 30×40 cm, Courtesy Artelier Contemporary, Graz

THE END_11001_16:9, 2007
Bleistift auf Büttenpapier, gerahmt / pencil on laid paper, framed, 30×40 cm, Courtesy Galerie Krobath, Wien / Vienna, Berlin

THE END_110010_16:9, 2009
Bleistift auf Büttenpapier, gerahmt / pencil on laid paper, framed, 30×40 cm, Courtesy Sammlung der Stadt / Collection of the City of Graz

THE END_1011010_16:9, 2012
Bleistift auf Büttenpapier, gerahmt / pencil on laid paper, framed, 30×40 cm, Courtesy Galerie Krobath, Wien / Vienna, Berlin

THE END_1011000_16:9, 2011
Bleistift auf Büttenpapier, gerahmt / pencil on laid paper, framed, 30×40 cm, Courtesy Sammlung / Collection Stolitzka, Graz

THE END_1010010_16:9, 2011
Bleistift auf Büttenpapier, gerahmt / pencil on laid paper, framed, 30×40 cm, Courtesy Sammlung / Collection Stolitzka, Graz

THE END_1001100_16:9, 2011
Bleistift auf Büttenpapier, gerahmt / pencil on laid paper, framed, 30×40 cm, Courtesy Privatsammlung, Wien / Private Collection, Vienna

THE END_1011100_16:9, 2012
Bleistift auf Büttenpapier, gerahmt / pencil on laid paper, framed, 30×40 cm, Courtesy Galerie Krobath, Wien / Vienna, Berlin

THE END_1011011_16:9, 2012
Bleistift auf Büttenpapier, gerahmt / pencil on laid paper, framed, 30×40 cm, Courtesy Artelier Contemporary, Graz

THE END_1000111_16:9, 2011
Bleistift auf Büttenpapier, gerahmt / pencil on laid paper, framed, 30×40 cm, Courtesy Sammlung / Collection Stolitzka, Graz

THE END_101110_16:9, 2009
Bleistift auf Büttenpapier, gerahmt / pencil on laid paper, framed, 30×40 cm, Courtesy Galerie Krobath, Wien / Vienna, Berlin

Mario Garcia Torres

Share-e-Nau Wanderings (A Film Treatment), 2006
19 Thermopapier-Blätter / 19 sheets of thermo paper, 26 × 21 cm (je / each), Courtesy Thyssen-Bornemisza Art Contemporary, Wien / Vienna

Renée Green

Partially Buried, 1997
10 October #80 Magazine / 10 October #80 magazines, S. / pp. 38–55, Cambridge, MA: MIT Press, Courtesy die Künstlerin / the artist

Takahiko Iimura

White Calligraphy, Re-Read, 1967/2010
Video, S/W, Ton / video, b/w, sound, 9:41 Min. / min, Courtesy der Künstler / the artist

KRIWET

Text Dias, 1970
6 Siebdrucke auf PVC, Ösen / 6 silk screens on PVC, eyelets, 336 × 340 cm (je / each), Courtesy BQ, Berlin

David Lamelas

Conflict of Meaning (Film Script), 1972/2008
16mm-Film übertragen auf DVD, Farbe, 3 Giclée-Drucke, gerahmt / 16mm film transferred to DVD, colour, 3 giclée prints, framed, 12 Min. / min, 55 × 140 cm (je / each), Courtesy Sprüth Magers und / and Jan Mot

Owen Land

Zitat aus bislang unveröffentlichten Textfragmenten des Künstlers / Quotation from to-date unpublished text fragments of the artist
Banner, Digitaldruck auf Dynajet / banner, digital print on Dynajet, 145 × 600 cm, Courtesy Office Baroque, Brüssel / Brussels

Remedial Reading Comprehension, 1970
16mm-Film, Farbe, Ton / 16mm film, colour, sound, 5 Min. / min, Courtesy Office Baroque, Brüssel / Brussels, mit Unterstützung des Österreichischen Filmmuseums, Wien / with support of the Austrian Film Museum, Vienna

Sonia Leimer

Monkeys and Tigers, 2009/2014
Hemd, Edelstahl / shirt, stainless steel, 170 × 33 cm, Courtesy die Künstlerin und Privatsammlung / the artist and Private Collection

Jeanne Liotta

Dark enough, 2011
Digital-Video, S/W, Ton / digital video, b/w, sound, 7 Min. / min, Text von / text by Lisa Gill, Courtesy die Künstlerin / the artist

Christian Mayer

Ulam, 2013
HD-Video, Farbe, Ton / HD video, colour, sound, 10 Min. / min, Courtesy der Künstler / the artist

Maria Meinild

Curtain, 2012
Video, HD-Video, Farbe, Ton, 8 Min., MDF / video, HD video, colour, sound, 8 min, MDF, Courtesy die Künstlerin / the artist

Matthias Meyer

The Other Side of the Wind, 2012
Mobile, diverse Materialien / mobile, diverse materials, Maße variabel / dimensions variable, Courtesy der Künstler / the artist

Wolfgang Plöger

Wrong, 2013
8 Inkjet-Drucke / 8 inkjet prints, 33 × 42 cm (je / each), Courtesy Konrad Fischer Galerie, Dusseldorf / Düsseldorf, Berlin

By any means necessary, 2013
Siebdruck auf 16mm-Film, 16mm-Filmprojektor / serigraph on 16mm film, 16mm film projector, Maße variabel / dimensions variable, Courtesy Konrad Fischer Galerie, Dusseldorf / Düsseldorf, Berlin

John Smith

Associations, 1975
16mm-Film übertragen auf HD-Video, Farbe, Ton / 16mm film transferred to HD video, colour, sound, 7 Min. / min, Courtesy Tanya Leighton, Berlin

Frances Stark

My Best Thing, 2011
Digital-Video, Farbe, Ton / digital video, colour, sound, 99 Min. / min, Courtesy die Künstlerin und / the artist and Galerie Buchholz, Berlin, Köln / Cologne

Javier Téllez

Screenwriters, 2009
16mm-Filmprojektor, Statuetten, Ziegel, Bleistifte / 16mm film projector, figurines, bricks, pencils, Courtesy der Künstler und / the artist and Figge von Rosen Galerie, Berlin, Köln / Cologne

John Waters

Slade 16, 1992
chromogener Farbdruck / chromogenic colour print, 9 × 202 cm, Courtesy Privatsammlung, Wien / Private Collection, Vienna

Jennifer West

Spiral of Time Documentary Film (16mm negative strobe-light double and triple exposed - painted with brine shrimp - dripped, splattered and sprayed with salted liquids: balsamic and red wine vinegar, lemon and lime juice, temporary flourescent hair dyes - photos from friends Mark Titchner, Karen Russo, Aaron Moulton and Ignacio Uriarte and some google maps- texts by Jwest and Chris Markers' Sans Soleil script -shot by Peter West, strobed by Jwest, hands by Ariel West, telecine by Tom Sartori), 2013
16mm-Negativ übertragen auf HD, Farbe, Ton / 16mm negative transferred to HD, colour, sound, 9:01 Min. / min, Courtesy Vilma Gold, London

An Art Day's Night

Donnerstags bietet die Reihe An Art Day's Night im Künstlerhaus, Halle für Kunst & Medien bei freiem Eintritt Podiumsdiskussionen, Vorträge, Lectures, Katalogpräsentationen, thematische Zwiegespräche, Performances, Konzertauftritte von Künstlerbands, allgemeine Debatten zu und über Kunst...
/
An Art Day's Night: Thursday evenings a programme of artists' talks, panel discussions, lectures, catalogue presentations, performances, concerts and general discussions on and about art will accompany the current exhibitions with free admission at Künstlerhaus, Halle für Kunst & Medien...

20 03 14
Vortrag und Filmprogramm /
Lecture and film programme
Martin Ebner
„Ein helles Kino, ein Ort der Möglichkeiten" /
"A bright cinema, a place of opportunities"

27 03 14
Vortrag und Buchpräsentation /
Lecture and book presentation
Rainer Bellenbaum
„Kinematografisches Handeln. Von den Filmavantgarden zum Ausstellungsfilm" / "Cinematographic Action: From the Film Avant-Garde to Exhibition Film"

03 04 14
Katalogpräsentation / Catalogue presentation
Ruth Anderwald & Leonhard Grond
"Hasn't it been a great journey so far?"

10 04 14
CMRK Rundgang / CMRK exhibition tour

24 04 14
Vortrag und Buchpräsentation /
Lecture and book presentation
Christian Mayer
"Quest for Fire: Language"

15 05 14
Kuratorenführung / Curator's talk
Christian Egger

Christian Egger

Kurator und Künstler. Geboren 1976 in Innsbruck, Österreich. Studium an der Akademie der bildenden Künste in Wien. Seit 2013 Kurator am Künstlerhaus, Halle für Kunst & Medien (KM–) in Graz. Textbeiträge für Magazine wie *SPIKE, springerin, Camera Austria, Parnass* uvam. Er ist zudem Mitherausgeber der KünstlerInnen-Fanzines: *Chicago, Times, Plotter, Libertine, Trixie, Déjà Vu, Rediviva, Acid, Loraine...* (www.ztscrpt.net)

/

Curator and artist. Born in 1976 in Insbruck, Austria. He studied at the Academy of Fine Arts in Vienna. Since 2013 he has been curator at Künstlerhaus, Halle für Kunst & Medien (KM–) in Graz. Text contributions for magazines such as *SPIKE, springerin, Camera Austria, Parnass* and many others. He is also co-editor of the artist fanzines: *Chicago, Times, Plotter, Libertine, Trixie, Déjà Vu, Rediviva, Acid, Loraine...* (www.ztscrpt.net)

Rainer Bellenbaum

Autor, Filmer, Kritiker. Geboren in Mülheim a. d. Ruhr, Deutschland. Studium der Medienwissenschaften. Seit 1988 vorwiegend in Berlin arbeitend. Von 2010 bis 2011 Stipendiat des Internationalen Fellowship-Programms für Kunst und Theorie im Künstlerhaus Büchsenhausen, Innsbruck. Dreht seit den 1980er-Jahren dokumentarische und experimentelle Kurzfilme, zwischen 1993 und 1999 Reportagen für TV-Anstalten. Schreibt seit 2004 Texte zu Film und Kunst (*Texte zur Kunst, springerin, Camera Austria*). Jüngste Buchveröffentlichung: *Kinematografisches Handeln: Von den Filmavantgarden zum Ausstellungsfilm* (2013).

/

Writer, filmmaker, critic. Born in Mülheim a. d. Ruhr, Germany. Studied media science. Since 1988 based in Berlin. From 2010 to 2011 Fellow at the International Program for Art and Theory at Art Center Buchsenhausen, Innsbruck. He has been making documentary and experimental films since the 1980s, TV reports from 1993 to 1999. Since 2004 he has been writing on film and art (*Texte zur Kunst, springerin, Camera Austria*). His latest book publication is *Kinematografisches Handeln. Von den Filmavantgarden zum Ausstellungsfilm* (2013).

Olaf Möller

Kölner. Autor, Programmgestalter, Dozent.

/

Cologne-based author, programme curator, lecturer.

Ausstellung / Exhibition

Die Publikation erscheint anlässlich der Ausstellung / The catalogue is published on the occasion of the exhibition

Wörter als Türen / Words as Doors in Sprache, Kunst, Film / in Language, Art, Film

im / at Künstlerhaus Halle für Kunst & Medien, Graz
15.03. — 18.05.2014

Direktor / Director
Sandro Droschl
Kurator / Curator
Christian Egger
Geschäftsführung / Managing director
Helga Droschl
Kuratorische Assistenz / Curatorial assistance
Stefanie Steps
Vermittlung / Art education
Elisabeth Schlögl
Technische Leitung / Technical management
Max Gansberger
Aufbau / Set up
Darek Murawka & Team
Trägerschaft / Operated by:
Kunstverein Medienturm im „Künstlerhaus"

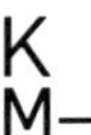

Künstlerhaus
Halle für Kunst & Medien
Burgring 2
8010 Graz, Austria

www.km-k.at

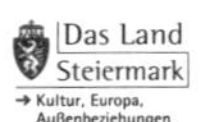

BUNDESKANZLERAMT ÖSTERREICH
KUNST

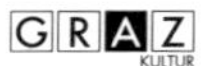

Katalog / Catalogue

Herausgeber / Editor
Sandro Droschl
Künstlerhaus, Halle für Kunst & Medien, Graz

Redaktion / Editing
Christian Egger, Stefanie Steps
Autoren / Authors
Rainer Bellenbaum, Christian Egger, Olaf Möller
Übersetzungen / Translations
Dawn Michelle D'Atri
Lektorat / Proofreading
Stefanie Steps, Andrea Stettler
Grafische Gestaltung / Graphic design
Nik Thoenen, Maia Gusberti
Fotografien & Bildbearbeitung / Photographs & Image editing
Markus Krottendorfer
Papiere / Papers
Munken Lynx Rough, Luxo Magic
Schrift / Font
Korpus, Korpus Grotesk
Druck & Bindung / Print & Binding
RemaPrint, Wien / Vienna

Abbildungsnachweis / Image credits
Ausstellungsansichten / Exhibition views
© Markus Krottendorfer, außer / except S. / p. 85 © Christian Mayer, S. / pp. 88–89 © David Lamelas, S. / pp. 90–91 © Bernadette Corporation & House of Gaga, Mexiko / Mexico, S. / p. 93 © David Auner, S. / p. 123 © Estate Owen Land & Office Baroque, Brüssel / Brussels, S. / p. 124 © Stephanie Barber, S. / p. 125 © Takahiko Iimura, S. / p. 127 © Jeanne Liotta

Cover: Jennifer West, Spiral of Time Documentary Film, 2013, Courtesy Vilma Gold, London

Innencover / inner cover:
Maria Meinild, Curtain, 2012, Courtesy die Künstlerin / the artist

Dank an / Thanks to:
Alle KünstlerInnen, die Autoren, LeihgeberInnen, Vortragenden, PartnerInnen und das Team Künstlerhaus, Halle für Kunst & Medien / All artists, the authors, lenders, panelists, partners, and the team Künstlerhaus, Halle für Kunst & Medien

Erschienen im / Published by
Vfmk Verlag für moderne Kunst GmbH
Salmgasse 4a, A-1030 Wien
hello@vfmk.org
www.vfmk.org

978-3-903004-47-4
(Deutsche Ausgabe / German Edition)
978-3-903004-90-0
(Englische Ausgabe / English Edition)
Gedruckt in Österreich. / Printed in Austria.

Vertrieb / Distribution
D, A und Europa / and Europe:
LKG, www.lkg-va.de
CH: AVA, www.ava.ch
UK: Cornerhouse Publications, www.cornerhousepublications.org
USA: D.A.P., www.artbook.com

Die Deutsche Nationalbibliothek verzeichnet diese Publikation in der Deutschen Nationalbibliografie; detaillierte bibliografische Daten sind im Internet über http://dnb.d-nb.de abrufbar. / Deutsche Nationalbibliothek lists this publication in the Deutsche Nationalbibliografie; detailed bibliographic data are available on the internet at http://dnb.d-nb.de.

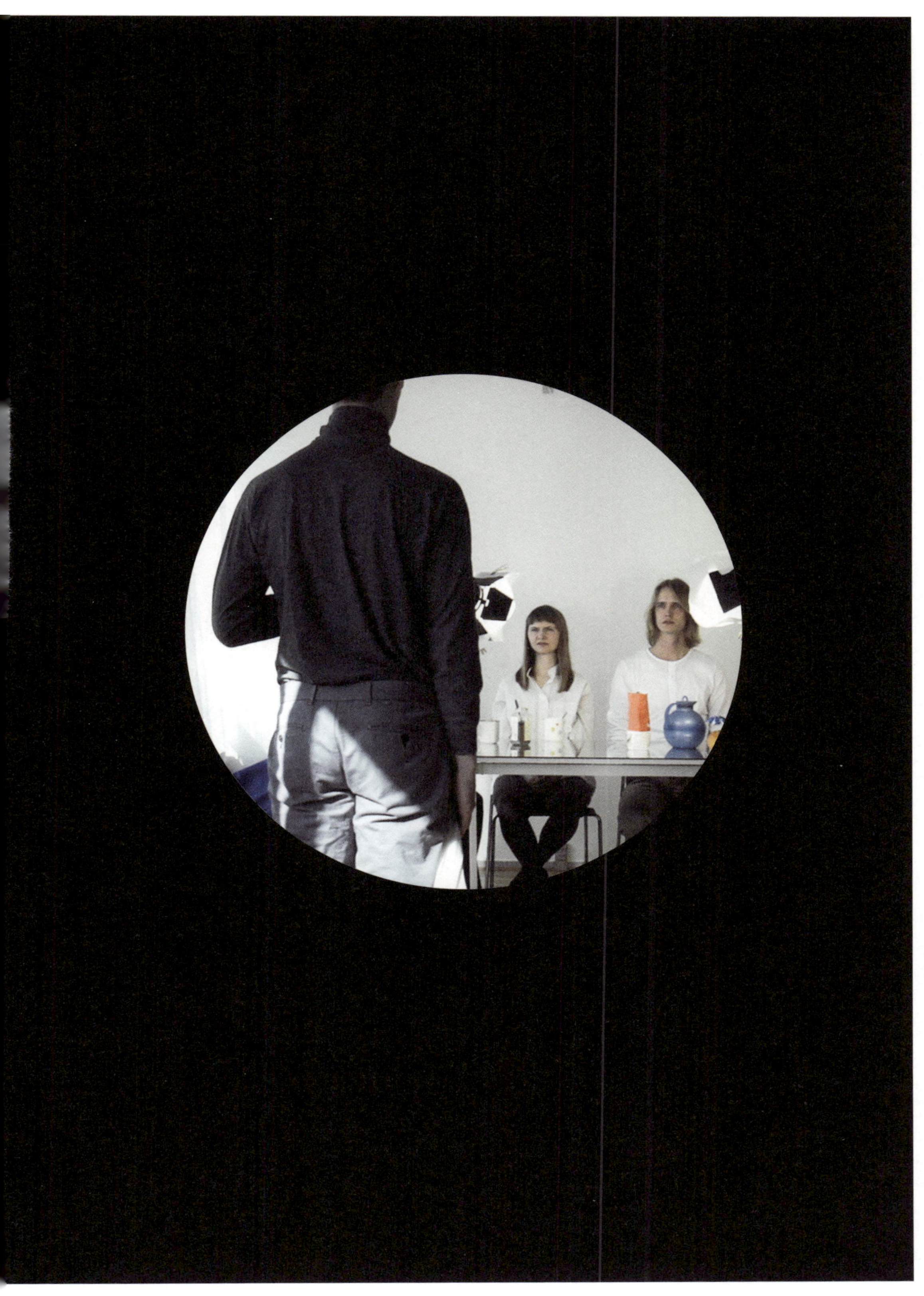

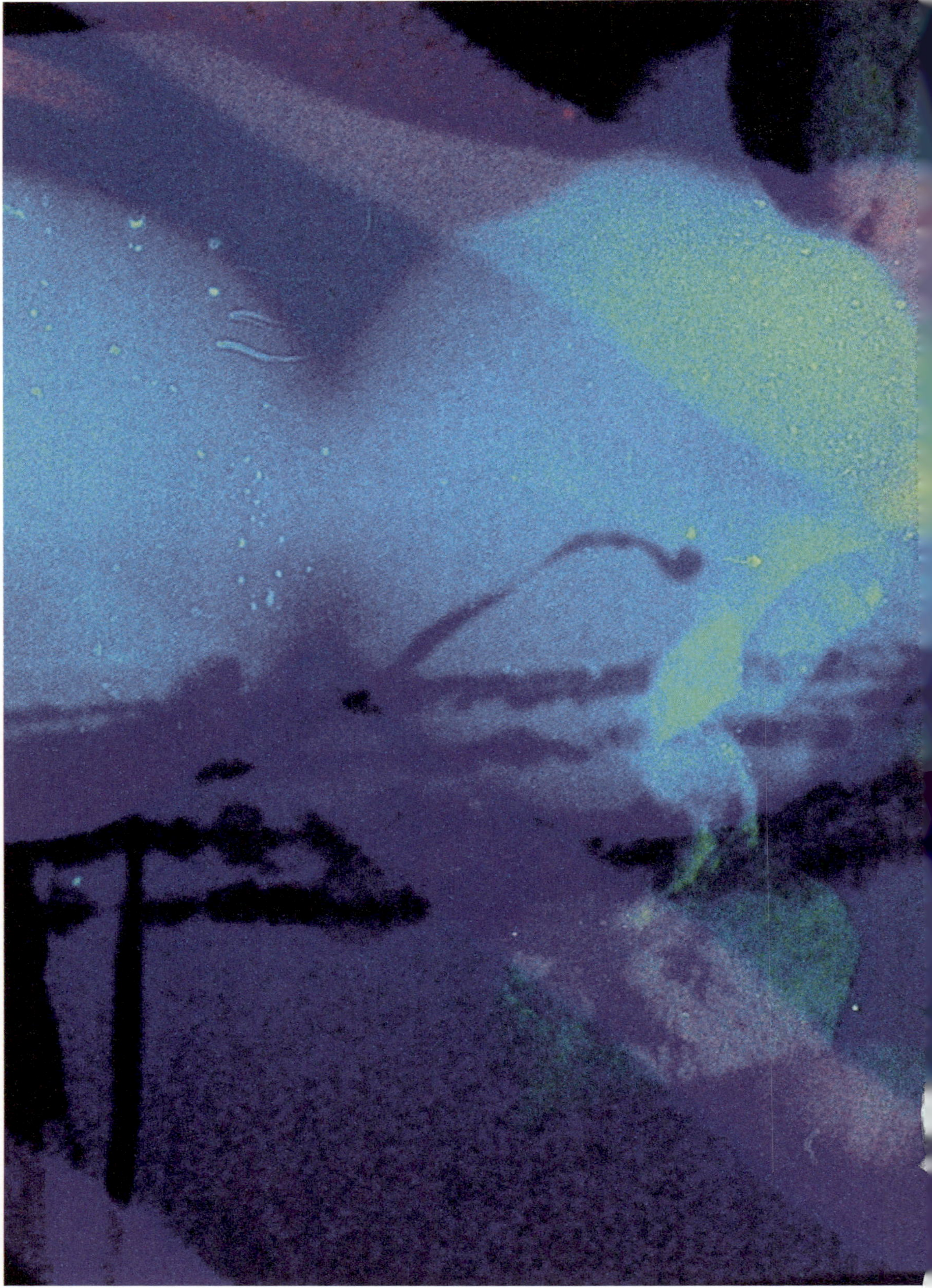